삶을 바꾸는
질문의 기술

SOCRATES OP SNEAKERS by Elke Wiss

ⓒ 2020 by Elke Wiss

Originally Published by Ambo | Anthos Uitgevers, Amsterdam
Korean Translation ⓒ 2023 by Dongyang Books Corp.
All rights reserved.
The Korean language edition published by arrangement with
Ambo | Anthos Uitgevers, Amsterdam through MOMO Agency, Seoul.

＊　＊　＊

말할 때마다 내가 더 똑똑해진다

삶을 바꾸는
질문의 기술

엘커 비스 지음 | 유동익, 강재형 옮김

Socrates

op Sneakers

동양북스

싸움이나 갈등이 꼭 나쁜 것만은 아니다.
그것을 통해
새로운 생각과 지혜, 통찰력을 얻을 수 있기 때문이다.

· 차례 ·

들어가는 말 좋은 질문은 진정한 관계를 만든다 ················· 010

1장

좋은 질문을 던지지 못하는 이유
"우리는 왜 뻔한 질문을 주고받을까?"

이유 1 우리는 좋은 질문을 하기에 너무 이기적이다 ········· 030

이유 2 질문을 두려워한다 ···························· 036

이유 3 질문으로는 좋은 점수를 얻을 수 없다 ············ 039

이유 4 우리는 다름을 인정하느라 객관성을 잃었다 ········· 043

이유 5 우리는 급하게 묻고 급하게 답한다 ·············· 048

이유 6 우리는 질문하는 법을 배워본 적이 없다 ··········· 051

내가 왜 좋은 질문을 못하는지, 알고 시작하자 ·············· 056

2장

소크라테스처럼 질문하는 법
"나를 버리고 상대의 머릿속으로 들어가라"

모든 질문의 출발, 내가 모르는 것을 아는 것 062

소크라테스처럼 질문하는 법 1
지혜는 놀라움에서 시작한다 070

소크라테스처럼 질문하는 법 2
호기심을 유지하라 074

소크라테스처럼 질문하는 법 3
용기를 내서 과감하게 질문하라 081

소크라테스처럼 질문하는 법 4
판단하되 집착하지 마라 085

소크라테스처럼 질문하는 법 5
내가 아무것도 모른다고 가정해보자 101

소크라테스처럼 질문하는 법 6
연민하되 공감하지 마라 106

소크라테스처럼 질문하는 법 7
상대가 짜증을 내도 마음에 담지 마라 122

대화는 무엇이 다른지 탐구하는 일 124

3장

좋은 질문의 조건

"대화에는 시간, 관심, 절제가 필요하다"

조건 1 상대방의 입장에서 듣는다 ······················· 148

조건 2 내 감정은 내려놓고 상대방의 말과 몸짓에 집중한다 ··· 155

조건 3 질문하기 전에 허락을 구해라 ······················· 163

조건 4 질문하기 전 20초 동안 침묵해본다 ··················· 166

조건 5 짜증을 짜증으로 받지 마라 ························· 169

4장

사람의 마음을 사로잡는 질문의 기술

**"어떻게 해야 상대의 진심을
끌어낼 수 있을까?"**

기술 1 '아래에서 위로 가는 질문'을 던져라 ················ 174

기술 2 화가 난 순간을 찾아서 정곡을 찔러라 ··············· 181

기술 3 진심으로 궁금할 때만 "왜"라고 묻는다 ·············· 187

기술 4 "한번 이야기해보세요"라고 말을 걸어보자 ··········· 189

기술 5 질문하기 전에 알아야 할 7가지 ···················· 192

5장

질문한 후 대화를 이어가는 법

**"질문을 던진 이후,
그 사람과 나 사이에 무슨 일이 일어날까?"**

대화는 독백이 아니다 ································· 203

대화는 질문에서 시작하고 질문으로 완성된다 ········· 206

질문으로 대응하는 법 ······························ 214

"~라고 가정해볼까요?"라고 질문하기 ··············· 220

대화는 이해하고 이해받는 과정이다 ················· 223

나가는 말 ·· 230

감사의 말 ·· 231

참고 문헌 ·· 234

좋은 질문은
진정한 관계를 만든다

옳고 그름에 대한 생각 너머에 아름다운 정원이 있다.
그곳에서 당신과 만나리라.

_루미, 페르시아 수피 시인 겸 신비주의자

왜 우리는 겉도는 대화만 주고받는가

"그냥 하라고! 그냥 질문하라니까!"

소크라테스는 내 뒤에 비스듬히 앉아 있었다. 밝은색 운동
화에 배트맨 망토를 걸치고 있었다.

"질문해봐. 하고 싶은 질문이 있잖아."

나는 눈을 깜빡였다.

"소크라테스, 당신은 2500년 전 사람이잖아요. 그래서 모르나 본데 요즘 세상에서는 그냥 막 묻고 그러지 않아요."

꽤 오래전에 실용 철학 수업을 들은 적이 있다. 철학 개념을 세우는 수업이었다. 나는 철학적 대화를 나누고 명확하게 생각하는 법을 배우고 싶었다. 그래서 관련 이론과 지식, 경험 등을 찾고 있었다. 당시 나는 극장의 공연 제작자였다. 제작 과정에서 내 생각을 더 명확하게 정리하고 싶었고 배우들에게도 훨씬 더 날카로운 질문을 던지고 싶었다. 그래서 실용 철학 수업을 신청했다.

수업 첫날 점심시간에 나는 남자 한 명, 여자 네 명과 함께 둘러앉아 있었다. 우리는 돌아가면서 질문을 했다. 이야기의 주제는 '아이'였다.

"자녀가 있으세요?"

"네, 아들 하나요. 그쪽은요?"

"저는 여덟 살과 열 살짜리 딸이 둘 있어요."

모두에게 몇 가지 질문이 계속 이어졌다.

"아이들은 몇 살이에요? 아직 학교에 다니나요?"

"네, 다녀요. 그쪽 아이들도 아이패드를 가지고 있나요?"

당시 나는 20대 후반이었지만 사람들과 대화에 참여하고 있었다. 그리고 대화를 나누면서 깨달았다. 대화 중에 누군가가 "아니요, 저는 아이가 없어요"라고 말하면 종종 고통스러운 침묵이 흐르거나 재빨리 다음 사람에게 질문이 넘어갔다. 나는 놀랐다. 아이들이 있는 사람들은 아이에 대해 얘기하는 것을 좋아했지만 아이가 없는 사람들과는 그 이야기를 하지 않으려고 했다. 아이가 없는 사람들도 나눌 이야깃거리가 있는데…… 왜 질문을 더 안 하지? 더 말할 여지를 안 줄까? 나는 궁금했다.

내 차례가 되었고 아이가 없다고 말했다. 그리고 더 많은 말을 하기 위해 숨을 들이쉬었다. 당시 나는 학교에서 아이들과 연극 수업을 하고 있어서 아이들에 대한 이야깃거리가 있었고 그중 몇몇 이야기는 다른 사람들에게도 들려주고 싶었다. 다른 사람들의 생각과 경험이 궁금했고 내 안의 의구심도 해결하고 싶었다.

이제 질문을 던진 사람은 내가 아이에 대해 이야기하고 싶어 하는지 아닌지를 판단하고 선택해야 했다. 선택하는 순간, 그 결과가 이마의 문신처럼 선명하게 드러나기 때문에 신중하게 생각해야 한다. 질문자는 내가 아이에 대해 이야기하고 싶어 하는지 아닌지를 어떻게 알 수 있을까? 당신이라면 최종 결정을 어떻게 내리겠는가?

아쉽게도 질문자는 내가 더 말하기도 전에 다음 사람에게 "이번에는 이쪽 분께 질문할게요"라며 재빠르게 넘어갔다. 모두 일곱 살 난 딸에 대해 열정적으로 이야기하는 사람을 바라봤다. 나는 조심스럽게 시선을 돌렸다. 나는 그 대화에 낄 수 없을 것 같았다. 대부분 나이 차이도 그리 심하지 않았고 실용 철학 수업을 등록한 걸로 봐서 관심사도 비슷했을 것이다. 그래서 더 이해가 안 되었다. 어떤 기준이나 정형화된 대화 습관을 따르지 않아야 했다.

나는 화가 났다. 왜 아이들을 주제로 대화를 시작한 거야? 왜 선택된 사람들만 대화에 참여하냐고? 왜 암묵적으로 누구의 이야기는 말할 거리가 되고 누구의 이야기는 피해야 한다고 결정해버리는 거지? 도대체 왜 주제와 관련 있는 사람만 대화할지 말지를 결정하냐고?

내 옆에 앉은 여성이 딸아이 이야기를 끝낸 다음 그 옆에 있는 40대 초반의 곱슬머리 여성에게 질문했다. 곱슬머리 여성이 "아니요. 저는 아이가 없어요"라고 말했고 사람들은 다음 사람으로 넘어가고 싶어 했다.

잠시 시간이 멈춘 듯 지체되었다.

"그냥 질문해. 해도 돼!"

내 뒤에서 외치는 소리가 들렸다. 소크라테스였다. 화가 난 내 모습에 기뻐하는 것 같았다.

"안 돼요. 옛날하고 다르다고요."

소크라테스는 나를 쳐다보더니 망토를 곧게 펴고 운동화의 얼룩을 닦았다.

"그게 바로 너희들의 문제야. 좀 부적절하다 싶으면 질문을 안 하는 거. 다른 사람을 배려한답시고 허용된 질문만 해야 한다고 생각한단 말이야. 상대방이 좀 불편해할 것 같다 싶으면 질문을 안 한다니까."

"그렇죠. 하지만……."

"사실을 알고 싶은 거잖아. 그렇지 않나?"

"어…… 그렇기는 하죠."

"그럼 질문해. 사실을 물어보는데 왜 잘못된 질문이야?"

"그건…… 저도 모르겠어요."

"왜 아이를 갖지 않느냐고 묻는 것은 '왜 그 머리 색깔, 바지, 거주지 또는 직업을 선택했냐'고 묻는 것과 다를 게 없잖아? 상대방의 마음을 다치게 할까 봐 너무 조심하면 서로에게 도움이 안 돼. 깊이 있는 대화를 하고 싶다면 더더욱 그렇지. 물론 그런 질문을 하면 대화가 지뢰밭이 되겠지. 하지만 폭발에 대한 두려움 때문에 안전한 대화만 하다가는 수박 겉핥기가 되는 거야. 대화가 지루하고 따분한 건 다 그래서야."

나는 반대 의견을 내려고 잠시 숨을 골랐다. 그런데 소크라테스가 의연하게 말을 이어갔다.

"반대로 생각해봐. 아이가 없는 사람들의 이야기를 더 많이 듣겠다고 입을 다문다면 똑같아지는 거야. 불문율을 지키려고 들 테니까 말이야."

나는 잠시 눈을 깜박였다. 그럼 지금은?

"그냥 질문해!"

소크라테스는 귀여운 곱슬머리 여성을 향해 고개를 끄덕이더니 등을 뒤로 기댔다.

나는 소크라테스의 격려에 시도해보기로 했다. 정형화된 대화 기술을 버리고 나의 선의와 추진력을 믿기로 했다. 아이가 없는 여성을 대화에 참여시키면 대화가 깊어질 것이다.

나는 용기를 내어 숨을 들이마신 후 곱슬머리 여성을 똑바로 바라보며 침묵을 뚫고 물었다.

"왜 아이를 안 가지셨어요?"

한동안 침묵이 흘렀다. 나는 다른 사람들이 숨을 참는 것을 느꼈다. 곱슬머리 여성은 나를 바라봤다.

"안 가진 게 아니에요!"

숨도 제대로 쉬어지지 않는 듯 턱을 비틀면서 화를 냈다. 다른 사람들도 최선을 다해 화를 참고 있었다. 하지만 여섯 명이 앉은 작은 탁자에서는 감추기가 쉽지 않았다.

나는 그 상황이 점점 더 신경이 쓰였다. '좋은 조언, 정말 감사하네요!'라고 소크라테스에게 빈정거렸다. 머릿속에 경고등이 켜졌다. 어떻게 해야 대화를 이어갈 수 있을까?

그러는 사이 점심시간이 끝났고 우리는 다시 교실로 들어갔다. 나는 곱슬머리 여성에게 다가가 더듬거리며 말했다.

"상처를 주려던 게 아니에요. 아이가 없는 사람들의 이야기를 안 듣고 건너뛰는 게 옳지 않다고 생각했어요. 나는 진짜 이야기가 궁금했고 다른 사람들의 경험도 알고 싶었어요. 모든 사람의 말은 들을 가치가 있다고 생각해요. 그래서 실용철학과 더 나은 질문 방법을 배우려고 여기에 왔고……."

문장을 명확하게 끝맺지 못했던 듯하다. 비겁하게 계속 공중에서만 맴돌았다. 곱슬머리 여성은 그만해도 된다는 신호로 짧게 고개를 끄덕였다. 그러고는 "물어봐도 된다는 그 생각이 정말 이상하네요"라며 교실로 서둘러 들어갔다.

점심시간에 그녀와 나눈 대화가 뇌리에서 지워지지 않았다. 우리 모두에게 너무도 강렬한 감정을 불러일으켰기 때문이다. 당시 나는 너무 부끄러웠고 죄책감도 느꼈다. 하지만 내 의도는 순수했다. 더 깊이 알고 싶었고 나 자신과도 연결해보고 싶었다.

이야기를 바꿔보자! 무슨 일을 하는지, 어디에서 왔는지, 아이들은 몇 명인지 같은 겉도는 질문은 이제 그만하자! 나는 그저 모든 이야기를 담을 대화의 공간을 만들고 싶었다. 사람들이 정해놓은 불문율에 의문을 제기하고 싶었다. 운동화를 신은 현대의 소크라테스와 함께 좋은 질문, 귀중한 답변, 더 나은 대화로 세상을 일깨우고 싶었다.

만약 내가 지금 아는 것을 그때 알았더라면 계속 질문했을 것이다. 그러나 그러지 못했다. 나는 소크라테스가 그랬던 것처럼 먼저 허락을 구해야 했다.

"당신의 이야기가 궁금해요. 질문해도 될까요?"

이렇게 말해야 했다.

그때는 그걸 몰랐다. 오랫동안 고통스러운 트라우마에 시달렸다. 하지만 트라우마는 나를 발전시켰고 더욱 배우도록 독려했으며 심지어 이 책을 쓰는 데도 엄청난 공헌을 했다. 그 사건 이후 나는 실용 철학, 질문하는 기술, 철학적 대화 혹은 소크라테스의 문답식 대화에 대해 계속 공부했다.

이 책은 소크라테스의 문답식 대화를 중심으로 질문하는 기술을 알려줄 것이다. 모든 상황에서 좋은 질문을 던지고 심도 있게 대화하는 법을 제시해줄 것이다.

질문을 바꾸면 새로운 세계가 열린다

나는 이 책을 실용 철학의 관점에서 썼다. 모호하지도 않고 상아탑 속의 수염 기른 노인들을 위한 철학도 아니다. 실용 철학은 정의, 우정, 포용, 용기와 같은 고상한 개념을 실제 일상생활에서 질문으로 연결한다. 이를테면 "친구에게 거짓말을 해도 될까요?" "난민 수용 정책이 필요할까요?" "언제 침묵을 지켜야 할까요?"와 같은 질문 말이다. 이것은 대화를 나누는 사이에 새로운 통찰력과 지혜를 얻을 수 있는 철학적 방법이다. 누구나 가끔 이런 질문을 할 것이다. "직업을 바꿔야 할까?" "현재 파트너와 계속 살아야 할까, 새로운 사랑을 선택해야 할까?" "나는 생각과 느낌, 행동이 일치하는가?" "나를 중심에 두고 생각해야 할까?" 이런 질문에 대한 답은 구글이나 위키피디아에서 찾을 수 없고 스스로 끊임없이 탐구해야 한다. 다른 사람들과 이야기하고 좋은 질문을 주고받으면서 지혜와 답을 얻을 수 있다.

이 책은 잡담을 더 잘하게 하는 데는 도움이 되지 않는다. 새로운 가능성을 탐구하고 깨인 사고를 하는 데 도움이 된다. 새로운 발견과 통찰력을 얻을 수 있는 상황에서 깊이 있는 대화를 하도록 만들어준다. 생각의 관점을 바꾸고 다른 사람의 생각에 귀 기울여보자. 상대방을 이기려 하거나 설득하려 하지 말고 관찰하자.

좋은 질문이란 무엇일까?

모든 상황에 적용할 수 있는 질문 체크 리스트는 없다. 그런 것은 존재하지 않는다. 어떤 상황에서 완벽하게 옳은 질문이 다른 상황에서는 완벽하게 잘못된 질문이 될 수도 있다.

이 책은 질문하는 자세를 배우고 좋은 질문을 하도록 도와주는 실용적인 가이드북이다. 소크라테스는 가장 실용적인 철학자 중 한 명이다. 인간의 근본적인 문제를 철학적으로 탐구하기 위해 아테네의 광장과 시장을 걸어 다녔다. 소크라테스는 자신의 무지를 인정했고 넘치는 호기심으로 다른 사람들에게 지식과 지혜에 대해 질문했다. 그는 자신만의 방식으로 많은 질문을 던졌다. 그가 던진 질문의 목적은 크게 두 가지였다.

첫째, 소크라테스는 더 현명해지고 싶었다. 그는 "나는 내가 아무것도 알고 있지 않다는 것을 알고 있다"라고 말했고, 그래서 진정한 지식을 찾아다녔다. 진정한 지식은 대화를 통해 얻을 수 있다고 여겼고 생각을 연마하는 숫돌로 대화 상대를 바라봤다.

둘째, 소크라테스는 상대의 오류나 잘못된 생각, 헛소리를 대화를 통해 밝혀내려고 했다. 또한 그 대화를 통해 상대가 '진정한 지식'을 얻을 수 있다고 생각했다. 그들이 믿고 있는 것이 진실이 아니라는 것을 깨닫게 하고 싶었던 것이다.

왜 좋은 질문을 하려면 훈련이 필요할까?

첫째, 세상이 좋은 질문을 필요로 한다. 오늘날 우리에게는 인종 차별, 성차별, 신체 비하, 미투, 난민 문제, 기후 위기 등 풀어야 할 많은 문제가 있다. 사람들은 어떤 문제가 터졌을 때 상대를 이해하기보다 상대가 자신을 이해해주기를 바란다. 하지만 문제 해결을 위해서는 서로의 마음을 이해해야 한다. 그래야 세상도 더 나아진다. 먼저 이해받으려 하기보다 상대의 말을 더욱 경청하고 다른 사람을 이해하도록 노력해야 한다. 그러기 위해서는 좋은 질문을 해야 한다.

둘째, 좋은 질문은 대화의 질을 높여준다. 식탁에서 "학교에서 어땠어?"나 "오늘 회사에서 바빴어?"보다 더 흥미로운 대화를 나눌 수 있다. 호기심을 유발하는 질문은 술집, 식탁, 교실, 미디어, 생일파티 등 많은 장소에서 더 즐거운 대화를 나눌 수 있게 해준다.

셋째, 질문을 통해 배우는 실용 철학은 그 자체로 재미있다. 어떤 학생은 너무 재미있어서 '중독된다'고도 표현했다. 질문은 생각을 명확하게 만들어주고 사물의 핵심에 더 가까이 접근하게 한다. 의미 있는 것과 의미 없는 것을 구별하고 새로운 통찰력과 아이디어를 주며 퍼즐을 풀고 탐구하도록 도와준다. 사람을 풍요롭게 하며 큰 재미를 준다. 또한 두뇌를 더 유연하고 소통이 잘되도록 말랑말랑하게 만들어서 생각할 수 있는 공간도 열어준다. 스도쿠 게임을 하면 할수록 더 잘하게 되고 게임 자체를 즐길 수 있게 되는 것처럼 질문을 통해 배우는 실용 철학은 공부할수록 재미있어진다.

넷째, 계속 질문하고 대화하다 보면 자신을 더 잘 알게 된다. 계속된 질문과 대화는 정형화된 답변이 아니라 자신에게 맞는 언어를 찾아주며 끊임없이 내면의 변화를 일으키며 역동적인 관계를 만들어낸다. 좋은 질문은 진정한 유대감을 만드는 씨앗이다. 유대감을 추구하는 건 인간의 본성이기에 우리는 좋은 질문에 대해 공부할 수밖에 없는 것이다.

이 책의 구성

이 책은 다섯 장으로 구성되어 있다.

1장에서는 왜 좋은 질문을 하지 못하는지를 다뤘다. 우리는 왜 좋은 질문을 하지 못할까? 왜 질문이 어렵고 긴장되며 무서울까?

2장에서는 소크라테스처럼 질문하는 법을 연습해볼 수 있다. 좋은 질문을 하고 철학적으로 질문하는 자세를 개발할 수 있는 핵심을 다루었다.

3장에서는 좋은 질문의 기본 조건을 담았다. 상대방의 말을 분명하고 순수하게 듣는 법을 훈련할 수 있으며 언어가 왜 중요한지도 알게 될 것이다.

4장에서는 정말 사람의 마음을 사로잡을 수 있는 질문의 기술을 담았다. 어떻게 하면 '아래에서 위로 가는 질문'을 할 수 있는지, '왜'라는 질문을 할 때 우리가 어떤 실수를 하는지 등등 꼭 필요한 질문의 기술에 대해 배울 수 있다.

마지막으로 5장에서는 질문 후에 어떤 일이 일어나는지 살펴봤다. 좋은 질문을 한 다음 이제 어떻게 해야 할까? 물론 대화를 이어가야 한다. 그렇다면 어떻게 해야 대화를 흥미롭게 이어갈 수 있을까? 어떻게 해야 사람들을 더 현명하게 만드는 대화를 주고받을 수 있을까? 바로 이런 질문에 대한 답을 찾아가는 과정에 대해 이야기할 것이다.

1장

좋은 질문을
던지지 못하는 이유

"우리는
왜 뻔한 질문을
주고받을까?"

> 세상에는 하나의 선인 '지식'과
> 하나의 악인 '무지'가 있을 뿐이다.
> _ 소크라테스

나는 파티나 인맥 모임에서 "무슨 일을 하세요?"라는 질문을 받으면 "사람들이 더 나은 질문을 하도록 돕고 있어요. 철학적인 방법으로 말이에요. 워크숍, 수업, 생각 훈련 등등을 통해 하고 있습니다"라고 열정적으로 대답한다. 그러면 때때로 공격을 받기도 한다.

"질문을 한다고요? 질문이 어려운 일인가요? 아니잖아요. 거기에 기술이 필요한가요? 저한테는 필요 없는 수업 같네요."

나는 이렇게 말하는 사람들에게 제대로 된 질문 기술이 없다고 지적한다. 그리고 "질문이 상대에게 잘 전달되었다고 생각하나요?" "질문에 호소력이 있었나요?" "개방적이고 호기심을 유발하는 질문이었나요?"라고 묻는다. 이를 통해 자신이 제대로 된 질문을 하지 못했다는 것을 깨닫기를 바라는 것이다.

실제로 우리는 하루 종일 질문한다. 아니 질문한다고 생각한다. 하지만 사실은 뒤에 물음표를 넣은 문장을 그저 말하는 것뿐이다. 이것은 질문이 아니다. 하루 종일 질문하지만 잘하지 못하니 실망할 가능성도 크다. 질문하는 능력은 타고나지만 훈련할수록 질문의 기술은 나아질 수 있다. 그리고 질문은 다른 사람의 마음으로 들어가는 수단이다. 일종의 연장과 같다. 겸손한 펜치, 건방진 드릴, 미묘한 사포 또는 서투른 쇠 지렛대처럼 질문을 사용할 수 있다. 어떻게 사용하느냐에 따라 결과도 달라진다. 끌로 석상을 조각할 수 있지만 힘을 너무 주면 머리가 몸통에서 떨어져나간다. 사포로 석상 표면을 다듬을 수 있지만 너무 약하게 문지르면 다듬어지지 않는다. 질문도 그렇다. 연장을 사용하는 것과 작동 방법이 비슷하다.

진정한 호기심에서 비롯된 질문이 있다면 상대방을 향해 나아가야 한다. 즉, 상대방을 대화로 초대해야 한다. 그런 식의 질문은 "난 당신에게 더 가까이 가고 싶어요"라고 말하는 것과 같다. 이런 질문은 위험하지만 또 흥미롭다. 다른 사람

삶을 바꾸는 질문의 기술

이 대답할 수도 있고 상대방이 화를 낼 수도 있기 때문이다. 사람들이 좋은 질문을 주저하는 이유다.

사람들은 나쁜 질문이란 없다고 말한다. 틀린 말은 아니다. 오스카 와일드는 "도덕적이거나 부도덕한 책은 없다. 책을 잘 썼거나 못 썼거나 둘 중 하나다"라고 했다. 질문도 마찬가지다. 질문은 본질적으로 좋거나 나쁘지 않다. 질문을 잘 만들거나 잘못 만들거나 혹은 잘 사용하거나 잘못 사용하거나일 뿐이다.

좋은 질문을 하고 싶으면 좋은 질문을 하지 못하는 이유를 이해해야 한다. 토론을 잘하고 싶으면 당연히 토론 연습을 많이 해야 하지만 연습만 한다고 토론을 잘할 수는 없다. 빠지기 쉬운 함정을 피하면서 토론하고 논쟁하는 방법을 이론적으로 배우고 지식을 습득해야 한다. 요리를 잘하고 싶으면 요리 연습뿐만 아니라 맛, 냄새, 재료를 연구하고 이론 수업도 병행해야 한다. 특정 제품과 도구, 기술적인 부분도 심도 있게 조사해야 한다. 예를 들어 초콜릿 수플레를 만들려다 실패했다면 이 요리를 할 때 하기 쉬운 실수와 실패의 원인을 먼저 찾아내야 한다.

나는 이 책을 쓰기 위해 사람들과 전화 인터뷰를 했다. "왜 질문을 하지 않나요?" "사람들이 왜 질문을 주저한다고 생각하세요?" "왜 사람들은 상대방이 질문하지 못하게 방해하는 걸까요?"와 같은 질문을 던졌다. 그리고 전화 인터뷰를 통해 '좋은 질문을 하지 못하는' 여섯 가지 이유와 결론을 발견했다. 그동안의 연구와 경험에서 미처 발견하지 못한 것들이었다.

이유 1

우리는 좋은 질문을 하기에 너무 이기적이다

인정하고 싶지 않겠지만 사실이다. 좋은 질문을 하기에 우리는 너무 자기중심적이다. 좋은 질문은 다른 사람의 생각과 경험의 세계로 들어가고 싶다는 생각에서 출발한다. 그런데 우리는 다른 사람의 생각과 경험이 자신의 것만 못하다고 생각한다. 자신의 의견, 관념, 정체성, 이야기를 생각하느라 바쁘다. 이때 보이는 몇 가지 대화 습관이 있다.

말 끊고 토 달기

상대방의 이야기를 자주 끊는 사람들이 있다.

"테르스헬링에서 휴가는 잘 보냈어? 재미있는 일 있었어?"

"우롤의 해변을 따라 자전거를 탔어⋯⋯."

"나도 몇 년 전에 얍하고 우롤에 갔는데. 그때가 처음이었을 거야. 진짜 아름다웠지. 그런데 밤에는 제법 춥더라! 정말 추웠어! 6월이라 따뜻할 줄 알고 코트를 안 가져갔지. 그렇게 추울지 누가 알았겠어? 음, 너희도 모르고 있었구나? 섬에서는 그런 게 꽤 위험할 수 있어."

이렇게 말을 끊으면 대화는 중단되고 다시 돌이킬 수가 없다. 사람들은 이런 행동이 짜증을 유발한다는 것을 알면서도 그 원인이 어디에 있는지는 거의 생각하지 않는다. 이런 행동은 다른 사람의 이야기를 좀처럼 듣지 않기 때문에 일어난다. 자신의 관점만 중요하고 다른 사람을 이해하고 위할 마음이 없다는 사실을 스스로 드러내는 것이다.

자기 할 말만 생각하기

때때로 다른 사람이 말하고 있는데 당신은 머릿속으로 이런 생각을 할지도 모른다.

'나는 동의하지 않아. 내 생각이 맞는 거 같아. 잘 기억하고 있어야지, 안 그러면 할 말을 잊어버릴지도 몰라. 내 의견을 저 사람이 이해하도록 만들어야지.'

이는 당신이 제대로 듣고 있지 않다는 신호다. 자기 자신에게만 관심이 있고 다른 사람에게는 관심이 없다는 방증이다. 상대방의 처음 두 문장을 듣고 나면 당신의 머리는 동작을 개시해서 자신의 의견이나 관련된 생각, 아이디어를 검색하고 있을 것이다.

안나	나 회사 그만뒀어. 나 좀 용감한 거 같아. 모든 용기를 짜내서 상사한테 대들었거든. 그리고 며칠 후에 해고됐지.
바우터	그럼 갈 데는 있고?
안나	아니, 아직은. 근데…….
바우터	그게 뭐야. 새 신발을 사기도 전에 낡은 신발을 버리면 어떡해. 특히 요즘같이 먹고살기 힘든 세상에. 너무 불확실하잖아.
안나	괜찮아. 많이 생각하고 결정한 거야. 여러 가지 상황에 대해서도 다 생각해놨어.

여기서 두 사람은 대화한다기보다는 각자 독백하고 있는 걸로 봐야 한다. 진짜 대화와 이런 독백식 대화는 근본적으로 차이가 있다.

조언하기

많은 사람들이 상대방의 문제점을 발견하면 붉은 천을 보고 달려드는 황소처럼 군다. 사람들은 즉시 그곳을 향해 돌진한다. 더 깊은 대화를 나누기보다 조언이나 도움 혹은 충고를 하려 든다.

"네가 무엇을 해야 하는지 아니? 일단 그냥 전화해."

"이미 ○○하려고 했다고?"

의도는 잘못되지 않았지만 자기중심적인 태도가 문제다. 특히 주로 '해결'이나 '수정'에 관심이 있고 듣기, 문제 이해, 대화를 나누는 사람의 비전, 동기 및 경험에는 관심이 없다는 점이 큰 문제다. 이때 하는 조언은 상대방의 상황에 대해서는 거의 언급하지 않는다. 조언하는 사람의 지식만 드러낼 뿐이다.

나에 대한 이야기는 항상 즐겁다

사람들이 대화에 끼어들어 자신의 이야기를 늘어놓는 것은 사실 당연한 일이긴 하다. 그것이 생물학적인 본성이기 때문이다. 인간은 자신의 이야기를 하면 기분이 좋아진다. 실제로 그렇다. 대화에서 우리는 평균 60%의 시간을 자신에게 할애한다(〈Scientific American〉, 2013년 7월 16일). 트위터나 페이스북 등 SNS 대화에서 이 비율은 80%까지 증가한다.

분명히 우리는 무엇이 우리를 괴롭히고 행복하게 만드는지, 무엇을 걱정하는지 다른 사람에게 보여주고 싶어 한다. 성공 경험을 상세하게 이야기하고 싶어 하며 불평도 한다. 자신을 주인공으로 만들어서 말이다.

연구에 따르면 자신에 대해 이야기하는 동안 뇌에서 도파민이 분비된다고 한다. 도파민은 흥분감을 불러일으킨다. 하버드대학교의 과학자들은 fMRI 스캐너를 사용해서 연구를 진행했다. 먼저 실험 참가자 195명에게 자신의 의견과 생각에 대해 토론하도록 했다. 그런 다음 실험 참가자들이 자신에 대해 말한 내용과 타인에 대해 말한 내용 간의 신경 활동 차이를 조사했다. 그 결과, 자기 자신에 대해 이야기할 때 세 개의 영역에서 큰 반응을 보였다. 먼저 내측 전두엽 피질 영역이 두드러지게 활성화되었다. 그리고 나머지 두 영역 측핵 영역과 복측 피개 영역에서도 반응이 나타난다는 것이 밝혀졌다. 이 두 영역은 사실 변연계의 도파민 시스템으로 섹스, 코카인, 맛있는 음식 같은 쾌락에 반응하는 부위였다.

이 실험 결과는 자신에 대해 이야기하는 것 자체가 섹스나 코카인, 맛있는 음식만큼이나 즐거운 일이라는 사실을 잘 보여준다. 또 사람들이 왜 자연스럽게 다른 주제보다 자신에 대해 더 많이 이야기하는지를 잘 설명해준다. 비록 다른 사람들의 이야기가 더 흥미로울지라도 자신에 대해 이야기하는 것이 훨씬 더 즐거운 법이다. 타인에게 관심을 갖고 질문을 던지는 것보다 더 강렬한 결과(도파민, 달콤한 느낌, 보상)를 가져다주기 때문이다(〈다이아나 타미르(Diana Tamir)〉, 2012).

나에게 물어본다

- 나는 나에 대해 무엇을 알고 있는가?

- 다른 사람들에게 조언이나 충고를 자주 하는가?

- 나는 어떤 사람인가?

- 나에 대해 자신 있게 이야기할 수 있는가?

- 요청하지도 않았는데 누군가 조언을 하면 어떤 느낌을 받는가?

- 다른 사람이 자신의 경험을 이야기하면서 조언하려고 하면 어떻게 반응하는가?

이유 2

질문을 두려워한다

질문을 할 때 우리는 세 가지를 두려워한다.

첫째, 상대방을 불편하게 할까 봐 두려워한다. 인터뷰 기자인 안녀 네인너스의 팟캐스트를 들은 적이 있다. 안녀는 작가인 얀 회르츠에게 현재 여자 친구가 몇 명이나 되는지 물었다.

삶을 바꾸는 질문의 기술

이 질문 자체는 전혀 이상한 게 아니었다. 왜냐하면 안너는 회르츠가 일부일처제에 대해 폭넓은 견해를 가지고 있고 가끔 여러 명의 여자 친구를 동시에 사귄 적이 있다는 사실을 알고 있었기 때문이다. 하지만 회르츠는 너무 사적인 질문이라며 답변을 거부했다. 그러자 안너는 이 질문을 한 것을 후회했지만 청취자들이 바로 그 주제에 호기심이 많다는 사실을 알고 있었다. 그래서 전체 인터뷰는 애정 관계, 사랑, 갈등, 일부일처제 및 이와 관련된 모든 것을 다루었다.

둘째, 자신이 고통스러워지거나 불편해질까 봐 두려워한다. 예를 들어 암이나 죽음, 질병으로 누군가를 잃어본 사람들은 이런 주제를 피하려고 한다. 오히려 자신이 고통으로 눈물을 흘릴까 봐 감히 물어보지 못한다. 이상하거나 이해하지 못할 일은 아니다. 나도 두려움 때문에 질문하지 못한 적이 있다.

8년 전쯤이었다. 당시 나는 말 조련사이자 승마 강사였다. 카롤리너라는 아주 멋진 여자아이를 가르쳤는데 우리는 사이가 무척 좋았다. 카롤리너는 훈련이 안 된 멋진 암말을 키우고 있었는데 함께 훈련을 시켰다. 우리는 거의 매주 만났다. 그런데 어느 날부터 그녀는 수업에 오지 않았다. 여름이

지나고 나서야 그녀의 아버지가 갑자기 돌아가셨다는 이야기를 들었다. 나는 애도를 표하고 힘내라고 말했다. 몇 주 후 카롤리너는 다시 수업에 나왔다. 하지만 나는 그녀의 아버지에 대해 물어보는 게 두려웠다. 뭔가 긴장되고 불편했다. 카롤리너도 아버지 이야기를 하고 싶지 않을 거라고 생각했다. 그냥 수업만 하고 싶을 거라고 생각했다. 하지만 나중에 카롤리너는 내가 아버지에 대해 물어보지 않아서 서운했다고 말했다. 서로 친했기 때문에 터놓고 말하고 싶었던 것이다. 나는 중요한 질문을 할지 말지를 자신의 불편함과 고통스러움을 기준으로 결정하면 안 된다는 매우 중요한 교훈을 얻었다.

셋째, 갈등이나 다툼 등을 겪을까 봐 두려워한다. 동의하는 것이 동의하지 않는 것보다 안전하다. 의견 차이는 무섭다. 사람들은 거절당하고 배제당하는 것에 막연한 두려움을 가지고 있다. 그래서 때때로 자신의 견해를 밝히기 꺼린다. 의미를 알기도 전에 동의한다고 말한 후, 나중에 집에 와서는 다른 말을 해야 했다고 소파에 앉아서 자신을 질책한다. 인종차별, 정치, 종교, 미투, 기후 위기 등에 대해 의견을 묻는 것은 위험하다. 만장일치가 된다면 좋겠지만 항상 그렇지는 않으니까 말이다. 사람들은 다툼과 갈등을 피하기 위해 아무것도 하지 않고 그냥 기다리거나 기피한다.

나에게 물어본다

- 나는 언제 질문을 피하는가?

- 질문하지 않는 그 순간, 나는 무엇을 두려워하는가?

- 질문이 만들 불편함, 충돌, 논쟁이 두려운가?

- 하고 싶었던 질문을 하지 않은 적이 있는가? 왜 그랬는가?

- 질문을 하면서 그만 멈춰야 한다고 생각한 적이 있는가?

- 그런 생각을 한다는 사실을 어떻게 알아차렸는가?

이유 3

질문으로는 좋은 점수를 얻을 수 없다

우리가 질문하고 싶어도 감히 하지 못하는 또 다른 이유는 질문으로는 점수를 얻을 수 없기 때문이다. 질문은 상대방의 답변이 궁금하다는 뜻이다. 그리고 뭔가를 알고 싶다는 것으로 아직은 아무것도 모른다는 뜻이기도 하다. 질문은 의심하고 있다는 뜻일 수도 있다. 그리고 의심은 매력적이지 않다. 구인 광고를 보면 '질문 능력', '의심 능력' 또는 '판단을 늦추는 능력'을 거의 요구하지 않는다. 요즘 우리 사회에서는 대부분 그 반대의 사람들을 원한다. 리더가 될 수 있는 사람, 결정 능력이 있는 사람, 영감을 주는 사람, 추진력이 있는 사람, 확신에 찬 사람 등을 찾는다.

전화 인터뷰한 사람 중 한 명은 왜 질문하지 않느냐고 묻자 "질문을 하면 사람들한테 내가 뭘 모르는지 알려주는 꼴이 되잖아요"라고 말했다. 이는 사람들이 어리석어 보이기보다 (차라리) 무지한 상태로 남는 것을 더 선호한다는 사실을 분명히 보여준다.

브렌 브라운은 『관계에 대한 욕망(Desire for connection)』에서 다음과 같이 기술했다.

지난 1년 동안 누군가가 나에게 어떤 주제에 대해 질문을 던졌을 때, 심지어 내가 그 주제를 잘 이해하지 못하고 잘 알지 못했어도 그 사실을 바로 말하지 못했다. 그리고 상대방과 대화를 좋게 이어간 기억도 없다. 사람들은 가정, 직장 또는 사회에 적응해야 하는 지금과 같은 문

화에서 호기심을 약점으로 간주하며 질문을 장려하거나 고마워하기
보다 적대적으로 받아들인다.

우리는 질문을 하면 무식하다고 생각할까 봐 모르면서도
아는 척을 한다. 유능하게 보이려고 의견을 마치 사실처럼 말
하기도 한다. 질문하는 사람, 의문을 품는 사람은 확신이 없
다고 생각하며 확신이 없는 사람은 주저하기 때문에 쓸모가
없다고 생각한다.

아주 먼 옛날, 덤불 속에 숨어 살고 식량을 구하기 위해 돌
로 창을 만들어 사냥할 때는 빠른 답을 찾아야 했다. 음식을
어디에서 찾을 수 있는지 빨리 알아내야 했고 최대한 빨리 사
냥감을 죽이고 요리해야 생존에 유리했다. 그렇게 진화했기
때문에 지금도 우리의 뇌는 누군가 "지금 몇 시지?"라고 묻거
나 "오늘 밤에 뭐 먹을까?"라고 질문하면 즉각 답을 찾기 시
작한다. 뇌는 필요한 정보를 검색하고 정보를 연결하며 우리
가 할 일과 할 수 있는 일을 분석한 후 다음 단계로 넘어간다.
문제는 명확한 답이 없는 중요한 질문에도 즉각적인 답변을
하려는 충동이 있다는 것이다. 예를 들어 "아직도 같이 일하
고 싶어요?" "새 직장을 구해야 하나요?" 아니면 "지금 사장

을 위해서 계속 최선을 다해 일할 거예요?" "이혼하는 게 나을까요?" 혹은 "내가 좋은 엄마일까요?"와 같은 질문을 받았을 때이다.

우리는 신속하게 답을 검색하고 찾는 데 너무 익숙해져서 이런 중요한 질문에도 똑같이 반응한다. 그러나 중대한 의견 차이가 있거나 심사숙고해야 하는 일, 중요한 선택의 순간에는 역효과가 발생한다. 그러니 우리는 답변을 미루는 법도 배워야 한다.

나에게 물어본다

- 나는 내가 어떤 사람인지 인식하고 있는가?
- 충분히 생각하지 않고 의견을 제시한 적이 있는가?
- "아무것도 몰라요" "할 말이 없어요"라고 대범하게 말할 수 있는가?

우리는 다름을 인정하느라 객관성을 잃었다

　의견을 사실로 받아들이는 사회에서 객관성은 뒤로 밀린다. 우리는 "그렇게 생각할 수 있죠" "그게 당신 의견이군요" "저한테는 제 생각이, 당신한테는 당신 생각이 있는 거죠"라고 말하면서 자신과 의견이 다름을 인정하고 받아들인다. 물론 모든 사람은 자신의 견해가 있고 이를 진지하게 받아들여야 한다. 그런데 문제는 사람들이 그런 견해를 통해 자신의 정체성을 형성하고 나면 그다음부터는 그 견해에 의문을 제기하지 않는다는 사실이다.

　최근 연구 결과에 따르면 사람들은 모순적 증거가 드러나면 오히려 자신의 견해를 더 강하게 믿는다고 한다. 자신의 의견과 신념은 다른 의견을 받아들일 수 있을 만큼 유연해야 한다. 다름을 인정하는 것과 객관적으로 판단하는 것은 다르다. 객관적인 판단 기준이 사라진 채 다름만 인정하다 보면 사실과 의견이 뒤섞이게 되고 시간이 갈수록 사람들은 객관적으로 판단하고 추론하는 능력을 잃게 된다.

　플랑드르의 철학자이자 생물학자인 루벤 메르슈는 책을

통해 '왜 모든 사람이 항상 옳은가?'에 대해 이야기한다. 그는 뉴욕대학교의 사회심리학자 조너선 하이트의 사고 실험을 제시했다.

줄리와 남동생 마크는 함께 프랑스로 휴가를 떠났다. 어느 날 밤, 두 사람은 해변에 텐트를 치고 같이 잠을 잤다. 두 사람은 함께 잠자리를 하면 재미있을 거라고 생각하고 그렇게 하기로 결정했다. 줄리는 피임약을 먹었고 마크도 역시 안전을 위해 콘돔을 사용했다. 둘 다 그 시간을 즐겼고 한 번으로 끝냈다. 그날 밤은 둘만의 비밀이었고 아무에게도 말하지 않았으며 그날 밤을 통해 애착이 더욱 강해졌다 느꼈다.

하이트는 이 사례를 여러 사람에게 제시하고 이 행동에 대해 어떻게 생각하는지 물었다. 모든 사람이 그 행동을 혐오하고 부도덕하다고 낙인을 찍었지만 자신의 견해에 대해 제대로 된 근거를 제시하지는 못했다. 객관적으로 봤을 때 근친상간만 아니라면 두 사람 모두 동의했고 누구에게도 해를 끼치지 않았기 때문이다. 실험 참가자들의 믿음은 지식이나 사실이 아니라 순전히 직감에 근거했다.

사람들은 객관적인 사실과 데이터가 자신의 판단과 어긋

나더라도 자신의 관점과 느낌, 신념을 계속 방어한다. 메르슈는 "우리는 보통 술 취한 사람이 가로등에 기대는 것처럼 사실을 사용한다"라고 표현했다. 조명으로서가 아니라 자신을 지탱하는 버팀목으로 사용한다는 것이다. 항상 자신의 타당성을 찾고 발견한 정보는 자신의 관점에 맞춰서 걸러낸다.

진지하면서도 호기심이 넘치는 질문을 받으면 우리는 기존에 갖고 있던 관념에 대해서 다시 한번 생각해봐야 할지도 모른다. 그러나 우리는 그런 질문을 원치 않는다. 정당한 불확실성보다 부당하더라도 확실한 것을 원한다. 우리는 생존 모드에서 어려운 질문에 본능적으로 더 빨리 대처한다. 왜냐하면 질문은 정체성이 위협받는다는 의미이기 때문이다. 물론 "어디에서 살고 있습니까?"와 같은 사실 질문(fact question)에는 해당하지 않는다. 누군가가 당신의 진술에 대해 질문하면 긴장하지 않고 이유를 설명해야 한다.

내가 진행한 첫 번째 소크라테스의 문답식 대화 중 하나는 "자녀에 대한 사랑은 무조건적인가?"였다. 여섯 명이 대화에 참여했고 그중 일부가 "물론이지. 부모의 사랑은 무조건적이야"라고 했다. 마리커는 무조건적이라고 말한 사람 중 한 명이었고 신념이 확고했다.

"제게는 두 아이가 있고 저는 아이들에 대한 사랑을 확신해요. 아이들이 무엇을 하든 제 사랑만은 그대로 있을 거예요. 어쨌든 항상."

다른 참가자인 예시카가 확고한 신념을 가진 마리커에게 질문했다.

"아이들이 무슨 짓을 하든 변함없이 사랑할 거라고 어떻게 확신하죠?"

"예, 어…… 그냥 알아요!"

또 다른 사람이 물었다.

"아이 중 한 명이 화가 나서 누군가를 죽였다고 가정해봅시다……. 여전히 그 아이를 사랑할 수 있을까요?"

"음…….."

마리커는 화난 말투로 말하기 시작했다.

"그건 정말 말도 안 되는 예입니다. 그런 질문에는 대답하고 싶지 않습니다."

질문을 견디고, 도전을 참고, 깊이 생각하며 심사숙고하고, 때로는 자신의 말과 생각을 검토해야 할 때 우리는 불안을 느낀다. 차라리 피하고 싶어 한다. 우리는 대부분 자신의 견해와 신념에서 정체성을 얻기 때문이다.

삶을 바꾸는 질문의 기술

위 예시에서 마리커는 질문을 피하고 방어적으로 대응했다. 자식에 대한 사랑이 생각만큼 무조건적이지 않을 수도 있다는 생각은 아예 하고 싶어 하지 않았다. 하지만 철학을 하는 이유는 바로 이런 질문에 답하기 위해서다. 누군가가 다시 침착하게 질문했고 결국 마리커는 고통스럽게 대답했다.

"아이 중 한 명이 정당한 이유 없이 누군가를 죽였다고 상상해보세요. 여전히 그 사랑이 평소대로 유지될까요? 아니면 변할까요?"

마리커는 잠시 침묵했고 얼굴을 찡그리며 몸을 움직이더니 마침내 한숨을 쉬었다.

"아니요, 솔직히 사랑이 변할 수도 있을 거 같아요. 대신 조건부가 있겠죠."

이유 5

우리는 급하게 묻고 급하게 답한다

"왜 질문을 안 하시나요?"

내 질문에 레저 스포츠 지도자인 요세핀 하름선이 대답했다.

"사람들은 습관적으로 바쁘다고 하죠. 상대방의 질문에 대해 깊이 생각할 여유가 없어요. 그냥 별생각 없이 답하죠. 깊이 있는 질문을 하면 오히려 이상하다고 생각하거나 시대에 뒤떨어진 것처럼 봐요."

그의 말이 맞는다. 우리는 이제 상대에 대해 생각할 시간이 없다. 또 생각하려고 하지도 않는다. 그저 가능한 한 빨리 일을 끝내고 싶어 한다. 우리는 확실히 아는 것뿐만 아니라 확실히 알면 좋겠다는 생각마저 접어둔다. 그리고 알고 있다고 생각하는 것에 대해서는 진지하고 호기심 많은 질문은 불필요하다고 생각한다. 그런 질문을 하려면 오랫동안 진득하게 생각을 해야 하는데 너무 바쁘기 때문에 그럴 여유가 없다.

하지만 좋은 대화, 진지한 대화는 오히려 시간을 절약해준다. 대화 당사자들이 상대방에 대해 알기 위해 더 생각하고, 더 질문하는 데 시간을 썼더라면 얼마나 많은 오해와 갈등을 예방할 수 있었을까? 또 얼마나 많은 프로젝트가 성공할 수 있었을까?

좋은 대화를 하기 위해서는 많은 시간과 더불어 훈련이 필요하다. 하지만 우리는 훈련할 시간 자체가 없다고 핑계를 댄다. 하지만 부족한 것은 시간이 아니라 훈련이다. 질문하는 법에 대해 훈련하지 않기 때문에 좋은 질문을 하지 못하고 그와 더불어 좋은 대화가 사라지는 것이다.

얼마 전에 나는 동료 두 명과 함께 실험을 하나 했다. 먼저 실험 참가자들에게 지난 몇 주 동안 경험한 성가신 일과 짜증이 나는 일을 최대 두 문장으로 적으라고 했다. 그런 다음 A와 B로 나누어 실험을 진행했다. A는 짜증을 내고 B는 1분 동안 침묵을 지키게 했다. 잠시 침묵한 후 B는 질문을 하나 할 수 있는데 그 질문에는 대답할 필요가 없었다. 그저 이야기를 듣고 그 과정을 경험하고, 무엇을 질문할지 1분 동안 생각하면 됐다. 처음에는 침묵이 좀 어색해서 낄낄거렸지만 몇 초 후 집중하는 분위기로 바뀌었다. 이후 A와 B를 바꿔서 다시 실험했다. 그리고 1분 후에는 처음의 질문과는 다른 질문을 했다.

실험 결과, 사람들은 1분 후에 더 나은 질문을 했다. 참가자 중 한 명은 "처음 떠오른 질문은 그다지 흥미롭지 않았습니다. 사실 뭔가를 지적하거나 상대방을 웃기려고 하는 내용들이었어요. 하지만 잠시 침묵이 흐른 후에 떠오른 질문은 정말 상대방의 이야기 속으로 들어가 그 사람의 입장을 생각하면서 나왔죠"

우리는 좋은 질문을 하는 데 시간이 오래 걸린다고 생각한다. 그러나 좋은 질문을 만드는 데 시간을 할애하면 (궁극적으로) 시간을 절약할 수 있다. 질문에 더 주의를 기울일수록 질문과 답변의 질이 향상된다. 동양의 속담처럼 급할수록 돌아가야 한다.

나에게 물어본다

- 최근 누군가에게 진지한 질문을 던진 적이 있는가?

- 최근 누군가가 나에게 진지한 질문을 던진 적이 있는가?

- 좋은 질문을 하지 못하고 주어진 대안에 만족하고 넘어간 적이 있
  는가?

이유 6

우리는 질문하는 법을 배워본 적이 없다

어린 시절 나는 질문 대장이었다. 멈출 줄 모르는 작은 말
벌과도 같았다. "왜?"라고 물어보는 전형적인 아이여서 부모
님을 귀찮게 했다.

"엄마, 열기구가 왜 하늘로 올라가요?"

"사람이 하늘로 올라가는 걸 좋아해서 그래. 위에서 세상
을 보고 싶은 거지."

"사람들은 왜 위에서 세상을 내려다보고 싶어 해요?"

"원래 사람들이 그렇게 하는 걸 좋아하니까."

"우리는 언제 탈 수 있어요?"

"탈 수 있지만 우리는 안 탈 거야."

"탈 수 있는데 왜 안 타요?"

"음…… 엄마가 그렇게 말했으니까!"

나는 첫 번째 대답에 만족하지 않고 질문을 이어갔으며 엄마의 대답 외에 또 다른 답을 원했다. 우리 부모님은 내 질문에 언제나 "엄마가/아빠가 그렇게 말했으니까"라고 말을 끝냈다. 물론 이런 대답은 이 끝없는 대화를 끝낼 수 있는 좋은 방법이다. 하지만 그와 동시에 질문은 쓸데없는 일이라는 것을 은근히 가르치는 방법이 되기도 한다. 물론 아이들의 호기심에 일일이 반응해주는 데는 인내심과 물리적인 시간이 필요하다. 그리고 그럴 만한 가치가 있다. 시간을 내어 아이들이 스스로 질문하고 생각하며 상상할 수 있도록 해야 한다.

아이들은 유연한 사고, 호기심 많은 태도, 다각도에서 주제를 바라보며 주변을 탐색하는 특징을 가지고 있다. 하지만 현재의 교육 시스템은 그러한 능력을 급속하게 감소시키고 있다. 초등학교에서부터 대학, 직장에 이르기까지 질문하고 철학적으로 탐구하는 태도는 아직도 익숙하지 않다. 안타깝게도 초등학교 교과 과정에 '생각하고 질문하는 법' 같은 과목은 아직 없다. 우리가 갖춰야 할 가장 중요한 능력 중 하나여야 하는데도 말이다. 비판적으로 생각하고 자신과 다른 견해에 의문을 제기하며 다양한 관점에서 바라볼 수 있는 능력은 생각하고 소통하는 성인으로 성장하게 해준다. 그리고 이런 능력은 그 어느 때보다 필요하다.

일부 학교에서는 창의력과 사고력을 자극하기 위해 아이들을 미술 프로젝트에 참여시키거나 철학 수업을 교과 과정에 넣으려고 노력한다. 하지만 쉬운 일이 아니다. 수업 중에 깊은 탐구를 위해 질문이나 대화를 하려면 계속 교사의 역할을 하기가 힘들다. 6, 7학년 담당 교사인 멜라니 에이뎀스는 고학년 교사들을 대상으로 진행한 '교실에서 철학하는 법'이라는 워크숍에 참여했다. 멜라니는 교사로서 고충을 말했다.

"선생님으로서 진지하게 질문하지만 질문 내용은 개인적인 영역에 좀 더 가깝습니다. 교육자적 측면에서 때로는 '할머니는 어떻게 지내시니?' '이게 어떻게 된 일이지?' '내가 어떻게 해주면 좋겠니?' 같은 질문을 하기가 어렵습니다. 선생님으로서 모든 것을 다 아는 '전지적' 역할을 포기하고 학생들의 대답에 진심으로 호기심을 가져야 하니까요."

또한 멜라니는 우리가 창의력이나 사고력이 아닌 지식에 초점을 맞춘 사회에 살고 있다고 말했다.

"부모들은 장학사처럼 결과를 보고 싶어 해요. 자녀를 (대학 진학을 위한) 인문고가 아니라 생각한 것보다 낮은 (취업을 위한) 특성화고에 보내라고 말하면, 거의 모든 부모가 왜 그런지 설명해달라고 요구합니다. 예를 들어 유치원 교사는 처음에 아이를 관찰한 후 교육을 도와줄 도구와 자료 등을 이용해서 아이가 창의적으로 성장할 수 있게 합니다. 하지만 요즘 학교에서 부모들은 아이가 1학년인데 벌써 글을 읽고 쓰고 계산도 한다며 자랑합니다. 또 '딸아이가 2학년인데 노래도 잘하고 그림도 잘 그린다'는 말은 자랑 축에도 끼지 못합니다. 부모와 사회의 요구가 높아져서 많은 부모들이 보통 수업이라고 부르는 산수, 독해, 철자 이외의 놀이 수업은 거의 원하지 않습니다. 재미있게 놀고 호기심 가득한 질문을 통해 아이들이 질문하는 자세를 배우고 창의성을 키울 수 있는 데도 말입니다."

철학이나 예술을 가르치는 교사들조차도 결과를 토대로 지시하고 통제하려는 경향이 있다. 아이들이 자율성을 가지도록 놓아주는 데 어려움을 느낀다. 교사들은 자신의 생각을 말하고 싶어 한다. 아이들도 자율적인 분위기에 익숙하지 않아서 "선생님, 잠시 후에 정답을 말씀해주시겠어요?"라고 자주 말한다.

교육의 목표는 아이들이 독립적으로 생각하고 탐구하며 대담하게 질문할 수 있도록 하는 것이다. 하지만 오늘날의 교육은 이러한 능력을 개발하기보다 제한하는 데 더 큰 관심이 있다.

나에게 물어본다

- 학교에서 질문하는 법을 배운 적이 있는가?

- 학교 교육에서 질문이 가치가 있었는가?

- 질문은 학습 동기를 부여했는가? 아니면 동기를 부여하지 않았는가?

내가 왜 좋은 질문을 못하는지, 알고 시작하자

지금까지 우리가 좋은 질문을 하지 못하는 이유 여섯 가지를 살펴봤다. 이것을 잘 이해하고 나면 좀 더 나은 질문을 할 수 있게 된다. 지금 내가 힘든 이유가 두려움이나 이기심 때문이라는 것을 확실히 깨닫고 나면 마음이 훨씬 가벼워질 수 있는 것과 같은 이치다. 또 질문이 시간 낭비가 아니라 오히려 시간을 절약할 수 있다는 걸 알게 되면 더욱 좋은 질문을 할 가능성이 커질 것이다.

이제 다음 장에서는 소크라테스의 문답식 대화를 소개할 것이다. 이것은 좋은 질문의 기초가 되는 지식이다. 이것을 완벽하게 습득한다면 아름다운 질문은 자동으로 따라오게 된다. '어떻게 해야 호기심을 끌어낼 수 있을까?" "소크라테스의 문답식 대화는 무엇으로 구성되어 있을까?" "어떻게 훈련해야 할까?"와 같은 내용을 2장에서 알 수 있다.

소크라테스의 문답식 대화를 익히면 두 번째 단계인 질문의 조건을 배울 수 있다. 또한 묻고 답하는 내용이 정확하고 조건도 적절하다면 좀 더 실용적인 팁과 기술에도 집중할 수 있을 것이다. 대개의 사람들은 소크라테스 문답법과 질문의

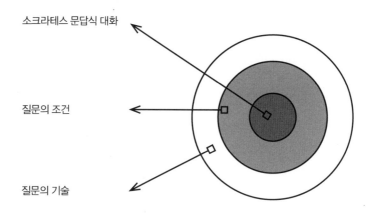

소크라테스 문답식 대화

질문의 조건

질문의 기술

조건에 대해서는 생각하지 않은 채 기술적인 부분에만 치중
하는 경향이 있다.

2장

소크라테스처럼
질문하는 법

"나를 버리고
상대의 머릿속으로
들어가라"

> 지혜는 바오바브나무와 같다.
> 누구든 혼자서는 안을 수 없다.
>
> _가나 속담

내 안에는 망토를 걸친 작은 소크라테스가 살고 있는데 가끔 너무 광적으로 세상을 구하고 싶어 한다. 하지만 세상은 때때로 그런 소망을 거절한다. 소크라테스의 코에는 투쟁의 흔적인 두꺼운 반창고가 붙어 있다. 모든 사람 안에는 작은 소크라테스가 살고 있다. 내면의 소크라테스는 잠들어 있고 무의식적으로 코를 골거나 도널드덕 만화를 읽거나 매그넘 화이트에서 게임을 하거나 우물쭈물하고 있지만 모든 소크라테스는 원하는 일을 할 준비가 되어 있다. 호기심이 가득하고 무지하며 도전적이다. 언제나 질문을 한다. 만약 당신 안에 있는 소크라테스를 흔들어 깨울 수 있다면 황금을 손에 넣을 수도 있다. 대화가 더 재미있어지고 사람들을 관찰하는 것이 넷플릭스를 보는 것보다 더 흥미로울 수 있다.

사람들은 요가나 운동을 하면서 '연습(practice)'한다고 표현한다. 말 그대로 연습이다. 연습하면 할수록 완벽해진다. 뭔가를 잘하고 싶다면 정기적으로 연습을 많이 해야 한다. 내 몸을 단련하고 싶다면 끊임없는 훈련이 필요하다. 이는 소크라테스의 문답식 대화도 별반 다르지 않다. 연습해야 잘할 수 있게 된다. 연습에는 시간, 집중, 인내가 필요하다. 투자도 많이 해야 한다.

이번 장에서는 소크라테스의 문답식 대화를 실행할 방법을 알아보겠다. 그 방법이 무엇이고 어떻게 개발해야 하는지 설명하겠다. 실용적인 연습법과 도구도 제공할 것이다.

모든 질문의 출발, 내가 모르는 것을 아는 것

나는 내가 무지하다는 것을 안다

소크라테스는 2500년 전 아테네에 살았다. 기원전 469년에 태어났다. 아버지는 조각가였고 어머니는 산파였다. 아내

크산티페에게서 세 아들을 얻었다. 처음에 소크라테스는 아버지의 대를 이어 조각가가 되었지만 곧 가르치는 일에 전념했다. 도시의 정치, 문화 중심지였던 아고라에서 행정가, 기업가, 정치인, 장인, 예술가로 활약했고 학생들에게 일과 삶에 대한 근본적인 문제를 이야기했다. 소크라테스는 사람들이 질문을 통해 행동의 정당성과 결정에 책임을 지게 했고 추론과 숙고하는 과정을 통해 입장을 명확하게 밝히도록 했다. 많은 사람들에게 존경받았지만 그의 대담한 질문 방식을 좋아하지 않는 사람도 많았다. 그래서 그를 '아테네의 귀찮은 존재'라고 부르기도 했다.

소크라테스는 옳은 것을 아는 것, 즉 모든 상황에서 무엇이 옳은지 분별하는 내적 능력이 우리를 유일하게 행복하게 만든다고 했다. 사람은 자신이 하는 일을 잘하고 싶어 한다. 당신은 얼마나 좋은 아버지 또는 친구인가? 관리자로서 어떤 선택을 해야 하는지 어떻게 알 수 있을까? 의사로서 올바른 행동은 무엇인가?

소크라테스는 질문하고 질문하는 태도를 만들어가는 대가였다. 만약 무지(無知) 선수권 대회가 있다면 아마 우승했을 것이다. 그는 대화 상대에게 거울로 반사하듯이 그 사람의 말과 모순을 그대로 되돌려주었다. 지식을 알려주는 대신 상대방이 스스로 깨달을 수 있도록 대화 속으로 초대했다.

소크라테스의 좌우명은 '나는 내가 무지하다는 것을 안다(I know that I know nothing)'였다. 델포이 신전의 예언자는 '소크라테스가 만인 중에 가장 현명하다'라고 했다. 델포이 신전은 고대 그리스의 문화 중심지인 델포이에 자리 잡고 있었다. 델포이 신탁은 아폴로 신에게 바친 매우 중요한 신탁으로 매년 먼 곳에서 수천 명의 사람들(순례자들)이 예언자를 만나러 델포이로 왔다. 사람들은 중요하고 어려운 결정을 내리기 위해 신들에게 조언을 구했다. 빛의 신 아폴로는 모든 것을 꿰뚫어보고 사람들이 보지 못하는 것을 봤다.

소크라테스는 지적 호기심이 많았다. 예를 들어 '정의란 무엇인가'에 대한 답을 얻기 위해 '그것을 알고 있는' 사람에게 질문했다. 먼저 판사에게 질문했다. 판사는 선과 악을 매일 판단하기 때문에 정의가 무엇인지 정확하게 답해줄 수 있을 테니 말이다. 판사는 자신이 알고 있는 것을 소크라테스에게 아주 자세하게 설명해주었다. 잠시 후 소크라테스는 판사의 말에서 일치하지 않는 부분을 지적했고 판사도 '정의'에 대해 정확하게 알지 못한다는 게 드러났다. 소크라테스는 그

삶을 바꾸는 질문의 기술

결정이 과연 미덕인가, 경건함과 관련이 있는가, 그런 결정을 할 때 의로웠는가 등을 계속 질문했다. 그리고 지혜를 탐구하듯이 대화 상대를 계속 생각하게 만들었다.

소크라테스는 매우 실용적인 철학을 구현했다. 추상적인 개념을 구체적인 상황에 적용하여 대화를 나누었다. 그에게 철학은 엘리트를 위한 게 아니라 유용하고 실용적인 경험이었다. 그의 목표는 함께 탐구하고 논쟁하며 함께 배우고 지혜를 탐색하는 것이었다. 항상 구체적인 경험이 그 중심에 있었다. 소크라테스는 어떤 개념에 대한 순수한 이론적 대화나 이해, 상상은 의미가 없다고 봤다. 그것은 참된 지식을 주지 못하고 가짜 지식이거나 책 속의 지식일 뿐이었다. 소크라테스는 실제로 행동을 분석했고 그 행동에 의문을 제기하여 어떤 규칙에 따라 행동했는지를 생각하고 알아내려 했다. 만약 이러한 무의식적인 규칙과 신념, 의견을 확실하게 하고 질문을 통해 더 잘 이해하게 된다면 더 나은 행동을 할 수 있다.

소크라테스는 자신의 기억을 통해 지식을 얻는다고 했다. 그래서 책도 쓰지 않았기에 오늘날 제자가 그의 대화를 받아쓰거나 정리한 것만 남아 있다. 소크라테스는 진정한 지식을 얻는 유일한 방법이 대화라고 했다. 불멸의 영혼은 지식을 가지고 있고 그 지식을 기억해내면 된다. 소크라테스는 대화 상대가 지식을 기억해내도록 도왔는데 그 방법을 '산파술'이라고 했다. 소크라테스는 어머니가 산파여서 출생 과정을 잘 알고 있었고 다른 사람의 지식을 심화시키는 방법을 출생 과정에 비유했다.

> 내가 말한 것 중 일부는 저도 잘 모르겠습니다. 이미 아는 게 없다는 생각에 모르는 뭔가를 추구해봤자 아무 소용없다고 생각할 수도 있습니다. 하지만 인간은 뭔가를 탐구할 때 더 나아지고 더 용감해지며 덜 무기력합니다. 이것이 내가 모든 것을 걸고 싸울 주제입니다.

소크라테스는 메논에게 이렇게 말했고 결국 마지막 말을 문자 그대로 실행했다. 그는 기소당했고 독약을 마시라는 사형 선고를 받았다. 당시 그의 나이는 70세였고 죄명은 '신을 부정하고 젊은이들을 타락시켰다'였다. 일생 동안 비판적인 질문을 던져 많은 사람을 적으로 만들었는데 사람들은 그러한 비판적 질문들이 청소년의 불복종을 충동질한다고 여겼다. 또한 일부 사람들은 그를 궤변론자로 분류했다. 당시에 궤변론자는 무신론의 한 부류로서 반사회적이라고 여겼다.

종교법을 훼손하는 행동이었다.

플라톤은 『소크라테스의 변명(Apologie)』에서 소크라테스의 재판 과정을 설명했다. 소크라테스는 500명의 아테네 남자 배심원 앞에서 자신을 변론했다. 변론에서 그는 자신이 어떻게 나쁜 평판을 얻게 되었는지 설명했고 자신을 고발한 자들에게 조롱을 퍼부었다. 배심원들은 그가 기소 자체를 진지하게 받아들이지 않는다고 생각했고 과반수 이상인 360표 찬성으로 독약형을 선고했다. 소크라테스는 죽음을 두려워하지 않았다. 그는 죽음을 일종의 무(無), 꿈 없는 영원한 잠 또는 죽은 사람들이 사는 곳으로 간다고 여겼다. 두려워할 필요도, 두려워할 것도 없다고 생각했다. 그동안 소크라테스의 죽음은 철학사의 출발점으로 불려왔다. 어떤 이들은 '철학의 빅뱅'이라고 묘사하기도 한다.

너 자신을 알라

소크라테스처럼 질문하려면 자신이 무엇을 생각하고 어떻게 생각하는지 인식해야 한다. 그래야만 제대로 된 질문을 하고 상황에 맞춰서 질문을 수정할 수 있다. 내 신념은 뭐지? 지금 나는 어떻게 생각하고 있지? 나는 빠른가, 아니면 느린가? 감정적인가, 논리적인가? 이런 질문을 하면서 자신이 무엇을 생각하는지 스스로 발견해야 한다. 소크라테스는 "너 자신을 알라"라고 말했다. 자기 자신이 무엇을 생각하는지 알아야 의식적으로 대처할 수 있고 생각의 여유 공간도 만들 수 있다.

항상 자신의 생각을 관찰할 수 있지만 대화 상대를 귀찮게 하고 싶지는 않을 것이다. 라디오 또는 TV 인터뷰를 듣거나 두 사람이 나누는 대화에 참여하지 말고 관찰해라. 이때 자신이 무엇을 생각하는지 아주 잘 파악하고 있어야 한다. 어떤 생각이 머리를 스쳐 지나가는가? 어떻게 판단하고 있는가? 그 판단은 무엇에 대한 것인가? 어디에 관심이 있는가? 지금 대화 중인가, 아니면 파트너와 다투고 있는가? 그것도 아니면 쇼핑 목록 때문에 골머리를 앓고 있는가? 자신의 생각을 판단하지 말고 기록만 해라. 당신이 어떤 사람인지 알게 될 것이다.

언젠가 차 안에서 라디오를 듣고 있었다. 트랜스젠더 로이자 라머르스의 인터뷰 내용이었다. 로이자는 〈FHM 매거진〉의 '가장 아름다운 여성' 중 한 명으로 선정되었는데 사실 그녀는 '네덜란드 넥스트 톱 모델(Holland's Next Top Model)'에서 우승한 최초의 트랜스젠더였다. 라디오 인터뷰는 '가장 아름다운 여성'에 뽑힌 것에 대한 거였다. 아름다운 여성으로 선정된 소감은 어떨까? 다른 트랜스젠더 여성에게 어떤 의미를 부여할까? 트랜스젠더의 목소리를 높이기 위해 그녀는 무엇을 할 수 있을까? 여기까지는 좋았다. 하지만 어느 시점이 되자, 아나운서는 숨을 들이마시며 갑자기 "그리고…… 여자로서 처음 섹스를 했을 때 어땠나요?"라고 물었다. 혼자 차를 운전하던 나는 "뭐라고! 정말 바보 같은! 그게 할 소리야! 대화 내용은 그게 아니잖아!"라고 소리쳤다. 정말 화가 났다.

나는 잠시 거리를 두고 내 생각을 관찰했고 '정말 미친 질문'이라는 내 생각을 제대로 분석할 수 있었다. 나의 분노도 더 잘 이해할 수 있었다. 그 질문이 어리석다고 생각했기에 화가 솟구친 거였다. 그런 질문은 하면 안 된다고 생각했다. 그의 질문은 너무 자극적이었다. 관심이나 궁금증 때문에 던진 질문도 아니었고 대화의 흐름에도 맞지 않았다. 타인의 불행을 소재로 삼아 감각적인 재미를 주는 일은 얼마나 끔찍한가. 나의 이런 생각이 옳든 그르든 내 생각을 관찰할 수 있는 아주 순수한 순간이었다. 이것을 계기로 나는 더 현명해졌다.

그리고 엄격한 판단을 통해 내가 대화에서 무엇을 중요하게 생각하는지도 알게 되었다. 나는 상대방에게 순수하게 다가가서 질문하고 그 사람의 이야기에 푹 빠지는 것을 중요하게 생각하는 사람이다.

자신이 어떤 사람인지 정확하게 인식할 수 있다면 스스로 그 생각을 조종할 수 있다. 주의가 산만해지거든 대화 상대에게 관심을 돌려보자. 자기 이야기를 하느라 바쁜가? 마음을 비우고 상대방의 이야기를 주의 깊게 들어보자. 내가 그랬듯이 감정이나 판단을 던져버리고 거리를 유지한 채 탐구해라. 이를 위해서는 많은 연습과 집중, 훈련이 필요하지만 좋은 질문을 하는 데 필요한 중요한 전제 조건이다.

소크라테스처럼 질문하는 법 1

지혜는 놀라움에서 시작한다

놀랄 수 있는 것도 능력이다

우리의 영웅 소크라테스는 이미 수세기 전에 "지혜는 놀라움(wonder)에서 시작한다"라고 말했다. 질문하는 자세의 가장 중요한 부분 중 하나는 '놀라움'이다. 이 개념은 설명하기가 쉽지 않다. '놀라움'과 비슷한 단어로 '경이로움'이 있는데 뉘앙스가 다르다. 특히 어떤 상황에서 반전이 생겼을 때 사람들은 더 놀라움을 느낀다. 평소와는 다른 이례적인 일이 생겼을 때도 마찬가지이다. 예를 들어 지각 대장인 동료가 10분 일찍 출근한다면 당신은 놀랄 것이다. 왜냐하면 평소보다 일찍 왔기 때문이다.

놀라움은 미묘하지만 선택이다. 똑같은 상황을 보고 놀랄 수도 있고 놀라지 않을 수도 있다. 선택은 경험을 바탕으로 하며 자신이 당연하게 받아들이는 상황과 이를 받아들이는 자신의 생각에 달려 있다. 예를 들어 지구는 태양계의 유일한 행성이 아니며 다른 많은 행성이 태양을 중심으로 공전한다. 나는 이 사실을 알고 있고 놀랍지도 않다. 하지만 드넓은 우주 안에서 내가 얼마나 작은 존재인지를 깨닫는다면 그 특별함에 놀랄 수도 있다. 가장 친한 친구 중 한 명이 임신했다고 말했을 때 나는 놀랐다. 아주 작은 태아가 배 속에서 자라고 있다는 사실이 내게 정말 특별했기 때문이다. 아이는 점점 자신만의 생각을 하게 될 것이고 독특한 개성을 가진 어른으로 자랄 것이다. 이 얼마나 놀라운가!

많은 여성이 임신을 하고 아이를 낳으니까 특별한 일이 아니라고 생각할 수도 있다. 그렇다면 구름을 한번 생각해보자. 물론 잔디밭에 누워 하늘을 보면서 "저 구름은 참 특별하단 말이야!"라고 말하는 어른은 없다. 하지만 비행기 안에서 구름을 볼 때는 "저기 봐! 구름이 날개 달린 악어 같아!"라고 외친다. 같은 구름이라도 언제, 어디서 보느냐에 따라 느낌이 다르다. 똑같은 사물도 놀라운 눈으로 바라면 특별해진다. 그러니 평범하고 일상적인 사물에도 놀라움을 발견할 수 있는지 생각해보자. 놀랄 수 있는 능력도 개발할수록 좋아진다. 오늘날 세상에는 온갖 정보가 흘러넘치고 사람들은 시간에 쫓기며 자신도 모르는 사이에 많은 것을 판단한다. 그런 일상에서 놀라움을 느끼려면 물을 거슬러 올라가듯이 부단히 노력해야 한다.

실전 연습

놀라는 능력 키우는 법-초급

- 테라스, 해변, 카페……. 사람들이 북적거리는 곳으로 가라. 주변 사람들을 살펴보고 그들이 어떻게 상호 작용하는지 관찰해보자.

　　　　　　　　　삶을 바꾸는 질문의 기술

- 사람들에게 라벨을 붙이려 하지 말고 그저 관찰하고 호기심을 계속 유지하자.
- "저런 옷을 요즘 누가 입어!"나 "너무 허무맹랑한 말 아니야?" 같은 비난이 나오려고 하는가? 그럴 때는 "저 재킷에는 어떤 특징이 있지?" "저렇게 과장된 제스처는 상대방에게 어떤 영향을 미칠까?" "저런 제스처를 통해 하고 싶은 말이 뭘까?" 같은 질문을 자신에게 던져보자.
- 사람들의 세부 정보에 더 많은 주의를 기울여보자.

놀라는 능력 키우는 법 – 중급

일부러 놀라는 능력을 키우다 보면 더 힘든 상황이 벌어지기도 한다. 관찰이 아니라 개입하고 싶어지기 때문이다.

- 짜증이 날 수도 있고 의견이 달라 어긋날 수도 있다. 아마 당신은 '뭔가 문젯거리'가 많은 누군가를 알고 있을 것이다. 그 사람을 만나면 서로 교감하고 대화를 나누기도 전에 미리 판단해버린다. '저기 피트네. 또 그저 그런 대화를 하겠네'라고 말이다.

그럴 때는 이렇게 하자.

- "그럼 그렇지!" 하며 단정 짓는 대신 진심으로 놀라움을 유지하려
  고 노력하자.
- "저렇게 말하는 이유가 뭘까?" "지금 무슨 생각을 하고 있을까?"
  "저 행동은 뭘 말하고 싶은 거지?" 같은 질문을 해보자.
- 이때 놀라움을 유지한 채로 진지한 자세로 질문해야 한다. 그렇지
  않으면 비아냥거리고 조롱하는 것밖에 안 된다.

소크라테스처럼 질문하는 법 2
호기심을 유지하라

판단을 호기심으로

유쾌한 대화를 나누는 데 가장 중요한 것은 상대방이 하는
말에 대한 관심이다. 상대방의 시각, 생각, 경험에 진심으로
호기심을 가져야 한다. 하지만 우리는 종종 다른 사람보다는
우리 자신에게 더 관심이 많다. 나는 동료에게 어떤 선생님에
대해 이야기한 적이 있다. 나는 그 선생님의 수업 내용과 방

식에 푹 빠져 있었고 어떻게 수업을 받았는지 자세하게 설명했다. 동료는 바로 결론을 내렸다.

"저는 그 선생님의 수업 방식이 이해가 안 돼요! 안정감이 중요하죠. 교수법 측면에서 볼 때도 옳지 않아요!"

"그래. 하지만…… 지금은 그렇게 보여도 수업을 들을 때는 괜찮았어요. 그런 수업도 나름대로 의미가 있었고……."

나는 나도 모르게 그 선생님을 방어하고 동료를 설득하고 있었다.

집에 돌아온 후 나는 무슨 일이 일어났는지 깨달았다. 우리 둘 다 서둘러 결론을 내렸다. 더 큰 문제는 완전한 정보가 없는 상태에서 판단을 내렸다는 사실이다. 내가 묘사한 선생님과 수업에 대한 동료의 반응(내 생각에는 부당하고 과장된 반응)이 그랬다. 여기서 놓친 것이 무엇인지 분명해졌다. 진정한 호기심이었다. 그리고 호기심을 통해 나오는 진지한 질문도 놓쳤다. 우리는 둘 다 던져진 과제에만 집중하고 있었다. 나는 선생님의 가치와 수업 방식에 대해 동료를 설득하고 싶었고 동료는 그 수업 방식에 동의할 수 없다는 생각을 나에게 전하려 했다. 우리 둘 다 상대방을 이해하려 하기보다는 자신을 표현하느라 바빴다.

동료는 교수법과 나의 경험에 대해 궁금했을 수도 있다.

"그 선생님은 왜 그런 수업 방식을 사용했을까요?"

"그런 방식은 수업 참가자들에게 어떤 영향을 미쳤을까요?"

반대로 나는 동료가 왜 그 수업 방식에 그렇게 격렬하게 반응하는지 궁금해할 수 있다.

"그 수업 방식을 왜 그렇게 싫어해요?"

"뭐가 잘못됐다고 생각하는데요?"

"교사는 항상 모든 사람이 안정감을 느끼도록 해야 하나요? 아니면 우리 자신이 책임져야 하나요?"

그러나 우리는 이런 질문들을 서로 주고받지 않았다. 일단 공격과 수비, 심판과 비난의 늪에 들어가면 다시 돌아오는 길을 찾기가 어렵다.

판단을 호기심으로 바꾸는 훈련을 하자. 그 호기심을 바탕으로 질문하는 자세를 만들어가야 한다. 대화 상대의 생각과 경험에 진심 어린 관심을 가져야 한다. 이러한 관심은 어느 순간 매우 빠르게 생겨난다. 그런 다음 '그냥 대답했어야 했는데. 이것저것 물어볼 수도 있었는데'라고 나중에 생각해봐야 한다. 그러고 나면 동료와 다음에 대화할 때 쉽게 판단해 버리지 않으려고 노력하게 된다. 물론 판단의 늪에서 완전히 벗어날 수 있을지 알 수 없지만 적어도 훈련은 할 수 있다.

누구도 완전히 알 수는 없다

호기심을 유지한다는 것은 뭔가를 모른다는 사실을 인정한다는 의미다. 상대방이 어떤 것을 경험했는지, 어떻게 생각하고 느끼는지 알지 못한다. 상대방은 당신과 다른 사람이다. 상대방도 당신처럼 잔소리하는 시어머니가 있고 지각을 싫어하는 직장 상사를 무서워한다고 하자. 당신과 상대방은 똑같이 생각하고 느낄까? 아니다. 각자 다르게 생각하고 느낀다. 자신의 경험에서만큼은 자신이 전문가다.

젊은 회계사들에게 인터뷰 기술과 질문 기술을 교육한 적이 있다. 돌아가면서 최근에 겪은 짜증 나는 일을 말하면 다른 사람들은 그 짜증이 정확히 무엇인지 물어야 했다. 한동안 나는 바르트와 야이르의 이야기를 듣고 있었다. 바르트는 최근 비행기로 휴가를 떠났다고 했다.

"오후 2시에 출발할 예정이었습니다. 모두 탑승하고 수화물 정리가 끝나서 출발만 하면 됐습니다. 그런데 비행기가 출발을 안 하는 거예요! 엔진은 계속 꺼져 있고 비행기는 이륙하지 않았습니다. 이륙하기까지 45분을 기다려야 했습니다."

"맞아! 그거 아주 짜증 나지!"

야이르는 고개를 끄덕이며 듣더니 콧노래를 내면서 말했다. 그리고 질문할 거리를 찾았지만 질문할 내용을 하나도 찾지 못했다. 나는 야이르에게 왜 질문을 하지 못했는지 물었다.

"왜 짜증 났는지 너무 명확하니까요. 사건이 눈에 빤히 보이잖아요."

"바르트가 어떤 경험을 했는지 다 아시겠어요?"

"네, 명백하잖아요. 기다려야 했고 그래서 정말 짜증이 난 거죠."

"그럼 바르트가 왜 화가 났는지 아십니까?"

"음, 그냥 시간이 지체돼서겠죠."

"그럼 여기서 논쟁거리는 '시간'이 될 수 있겠네요. 시간이 지체된다는 것은 짜증 나는 일이 맞습니다. 하지만 바르트는 그 상황에서 짜증이 난 이유에 대해 완전히 다른 주장을 할 수도 있습니다. 어쩌면 '시간'이 아니라 다른 이유가 있을 수 있습니다. 비행기가 이륙하는 게 두려웠을 수도 있고 배가 고파서 기내식을 기다렸을 수도 있습니다. 당신이 진짜 이유를 알 수는 없죠."

그 후 야이르가 그 상황에서 왜 짜증이 났는지 묻자 바르트는 이렇게 답했다.

"45분 동안 의자에 갇혀 있게 되면 다리가 엄청 붓습니다. 여간 불편한 게 아니죠. 항공사는 좌석이 더 넓은 게이트에서 기다리게 할 수도 있었어요!"

이 예는 사소하고 별로 중요하지 않을 수도 있지만 대화에서 자주 발생하는 상황을 정확하게 보여준다. 많은 사람들이 자신의 경험을 적용해서 상대방의 상황을 해석해버린다. 그리고 더는 상대방의 생각을 묻지 않는다. 그러고 나서 더 이상 대화에 흥미를 잃는다.

자신의 경험은 일단 제쳐둔 채 상대의 이야기에 진심으로 호기심을 가져보자. 그 사람의 경험과 생각, 감정, 판단에 순수한 호기심을 느껴보자. 그러다 보면 때로 예상하지 못한 숨은 정보를 발견할 수 있다. 방금 전 예로 든 대화에서 야이르는 '시간'을 가장 중요한 가치로 인식했고 바르트는 시간 개념을 한 번도 언급하지 않은 채 '편안함'에 가치를 부여했다. 이런 식으로 질문을 계속하고 상대의 마음에 무슨 일이 일어나는지에 관심을 가지면 상대방에게 더 가까이 접근할 수 있다. 호기심은 자연스럽게 깊이 있는 질문을 만들어낸다.

나는 바보고 상대방이 전문가다

아이들은 호기심을 가지고 태어난다. 이는 동물도 마찬가지다. 그렇다면 성인은 왜 그렇지 못할까? 성인들은 실제로 무슨 일이 있었는지 밝혀지기도 전에 상황을 이미 알고 있다고 생각하기 때문이다. 다음과 같이 연습해보자.

- 상대를 해당 주제에 대한 전문가라고 가정하자.
- 당신의 생각, 판단, 의견을 흥미로워하지 마라. 당신이 어떻게 생각하고 느끼며 알고 있는지는 중요하지 않다.
- 대화 주제와 관련된 다양한 질문을 해보자. "여기에 대해 어떻게 생각해요?" "정확하게 무엇을 경험했어요?" "알고 있는 다른 거 더 없어요?" "그 일의 결과가 항상 똑같을까요?" "그 일이 다르게 전개되지는 않을까요?" "그 일이 언제, 어떻게 전개될까요?'

이 연습을 자주 하다 보면 질문이 바닥나지 않는다. 만약 질문이 바닥난다면 '난 이미 알고 있어'나 '그 말이 맞아'라고 했던 과거로 돌아간 것이다.

용기를 내서 과감하게 질문하라

지금 대화하지 않는 자, 유죄

상대방에게 깊이 있고 때로는 대립하는 질문을 던진다는
건 쉽지 않다. 그런 질문은 상대방에 대한 도전이며 상대방
의 마음을 흔들고 놀라게 할 수 있다. 때로는 깊이 파고 들어
가야 하기 때문에 대화 상대도 자신의 대답에 놀라기도 한다.
질문하고 답을 하기 위해서는 용기와 불굴의 의지가 필요하
다. 질문할지 말지, 질문한다면 어떻게 할지는 미리 알 수 없
다. 당신에게는 질문에 대한 통제권이 없다. 질문은 상대방에
게 흥미로울 수도 있고 갈등을 낳을 수도 있다. 상대가 대답
하고 싶어 할지, 혹은 당신이 그 사람을 창피하게 만들지 알
수 없다.

우리는 불편한 분위기를 피하기 위해 질문을 자주 하지 않
는다. 대범하게 질문하지 못해서 아름다울 수 있었던 대화를
놓치게 된다면 그것은 정말 죄악이다. 친구 니나도 이와 비슷
한 말을 했다.

"저는 아이가 없어요. 하지만 비슷한 연령대의 사람들은

제가 결혼했으니까 아이가 있을 거라 생각하죠. 사람들은 자녀가 있냐고 묻고 저는 '아니요'라고 말하죠. 그런 상황이 매번 생겨요. 제가 '아니요'라고 말하는 순간 상대가 말을 삼가며 불편해하는 게 느껴져요. '계속 질문하고 싶지만 그럴 수가 없다'라고 생각하는 거죠. 그래도 질문하는 사람들과 최고의 대화를 여러 번 나누기도 했어요. 하고 싶은 질문을 왜 삼키는지 모르겠어요."

훌륭하고 흥미로운 질문에는 힘이 있다. 니나를 예로 들면 아이들이 없는 삶에 대해서도 과감하게 질문해야 한다. 잘 소통하면서 질문하고 싶다면 매우 아름답고 진정한 대화의 토대를 마련해야 한다. 모든 질문을 곧바로 하지 않는 게 논리적일 수 있다. 하지만 더 좋고 더 의미 있으며 더 진실한 대화를 원한다면 조금 어려운 길을 가야 한다. 오래 걸리고 불편하더라도 계속 흥미로운 질문을 해야 한다. 그래야 언젠가는 답을 얻을 수 있다.

용기를 내서 불편할 수 있는 위험을 견디는 것이 소크라테스의 문답식 대화를 발전시키는 한 방편이다.

질문에는 용기가 필요하다

리더십 강사인 모니크 린더스는 '새로운 리더십' 회의에 초대받아 간 적이 있다고 말했다. 작고 어두운 방에서 PPT 발표 자료를 보는데 그녀는 그 내용을 이해하지 못했다고 한다. 모두 차트와 재무 정보였기 때문이다. 저런 자료가 새로운 리더십과 무슨 관련이 있는 거지? 모니크는 다른 참가자들도 당황해하는지 보려고 둘러봤지만 모두 아무렇지 않아 보였다. 약 15분 후, 그녀는 용기를 내어 손을 들고 발표자에게 자신이 리더십 회의에 참석한 게 맞는지 물었다.

"저는 가슴이 두근거렸어요. 제가 실수하는 건 아닌지, 발표 내용과 '새로운 리더십'의 관계를 이해하지 못할 만큼 모자란 사람일까 봐서요."

발표자는 논문을 초조하게 뒤적거리기 시작했고 잠시 후 머뭇거리면서 발표를 잘못했다고 말했다. 갑자기 사람들이 "내 그럴 줄 알았어! 어쩐지 이상하더라니!"라고 외치기 시작했다.

좋은 질문을 하는 것은 낙하산 없이 절벽에서 뛰어내리는 것과 같다. 연착륙할지, 착륙 후에 환영받을지 등 어떻게 착륙하게 될지 전혀 모른다. 좋은 질문을 하지 않으면 안전하게 연착륙할 수 있다. 하지만 우리의 목적은 연착륙하는 것이 아니다. 좋은 질문을 통해 상대방과 대화를 계속하고 생각을 깊게 하며 새로운 관점에서 사물을 보는 것이 진짜 목적이다. 때때로 좋은 질문은 나 자신에게 고통스러운 타격을 주기도 한다. 그러나 질문의 대가는 그만한 가치가 있다.

나는 왜 주저하는가?

- 누구에게 질문하고 싶은가?

- 무슨 질문인가?

- 무엇이 질문하지 못하게 방해하는가?

- 질문 때문에 불편할까 봐 두려운가?

- 자신을 믿을 수가 없는가?

- 질문이 100% 잘못될 거라고 확신하는가?

- 만약 질문한다면 무슨 일이 생길 것 같은가?

삶을 바꾸는 질문의 기술

불편함을 극복하고 질문하기

- 물어보고 싶지만 묻기 불편한 질문을 생각해보자.

- '물어보기 싫어!'라는 생각이 들어도 꼭 질문하자. 질문의 답을 줄지 말지는 상대의 자유다.

- "질문이 하나 떠올랐는데 물어봐도 될지 모르겠습니다. 약간 민감한 내용일 수도 있는데요" "거기에 대해 질문이 있습니다. 질문해도 될까요?"라는 식으로 질문해보자.

- 이 말에 상대의 반응을 살펴보자. 대답을 할지 말지는 상대방의 몫이다.

소크라테스처럼 질문하는 법 4

판단하되 집착하지 마라

삶은 판단의 연속이다

우리는 하루 종일 판단한다. 선택하려면 판단해야 한다. 예를 들어 커리플라워로 할지 브로콜리로 할지 결정해야 할 때 판단해야 한다. 피트와 일할지, 하니와 일할지 결정해야 할 때 판단해야 한다. 이 직장에서 계속 일할지, 그만둘지 결정해야 할 때 판단해야 한다. 두 번째 데이트를 할지, 첫 데이트로 끝낼지 결정해야 할 때 판단해야 한다. 도와줄지 아니면 그냥 놔둘지, 계속할지 아니면 멈출지 결정해야 할 때 판단해야 한다. 누구와 함께하기를 원하는지 결정해야 할 때 판단해야 한다. 어떤 행동을 비난하고 어떤 생동을 '선(善)'으로 규정할지 결정해야 할 때 판단해야 한다.

우리는 새로운 사람을 만나면 8초 안에 그 사람이 좋은지 싫은지, 편안한지 그렇지 않은지를 판단한다. 사실 판단은 매 순간의 호흡과도 같다. 판단하지 않는 척하는 것은 수영하지 않는 척하는 물고기와 같다. 물고기가 "이건 수영이 아니야. 나는 수영하는 게 아니야. 음…… 나는 날고 있어! 맞아. 나는 물속에 있고 물속에서 날고 있는 거야"라고 말하는 것과 같다.

판단은 인생을 재미있고 풍부하게 만들며 제어한다. 멈추거나 검열하는 것은 더 많은 불행을 낳을 뿐이다. 우리는 판단을 통해 뭘 버릴지 결정하며 그것을 또다시 판단한다. 그리고 죄책감을 느끼고 불행하다고 생각한다. 스스로 판단하자.

어쨌든 일어날 일은 일어난다. 판단은 먹고 마시며 말하고 웃고 방귀 뀌며 튀어나온 보도블록에 걸려 넘어지는 것처럼 인간적이다. 우리가 판단을 내리지 않거나 보류하는 것은 인간적이지 못하고 이상하며 도움이 되지 않는다.

문제는 판단 그 자체라기보다는 정확한 판단을 하지 못한다는 것이다. 부족한 정보로 너무 빨리, 너무 단순하게 판단하기 때문이다. 또 우리는 한번 내린 판단에 너무 집착하는 경향이 있다. 만약 내가 누군가를 거만하다고 판단해버리면 그 외 다른 가능성은 배제해버린다. 심리학에서는 이를 확증편향(confirmation bias)이라고 부른다. 한번 판단이 형성되면 좁아진 시야로 자꾸 확인하려고 하고 그 반대 증거는 모두 무시하려고 한다.

어떤 이들은 "그렇게 판단하면 안 돼!"라고 말한다. 이 말은 가장 아름다운 모순이다. 이미 이 말 안에 가장 강력한 판단을 담고 있다. 보통 누군가가 상대방에게 '부정적인 판단'을 내렸을 때 이런 말을 한다. '아름답다', '똑똑하다', '특별하다'라는 판단을 듣고 불평하는 사람은 본 적이 없을 것이다. 피트가 얀처에 대해 "최근에 너무 게으르고 나태해진 것 같아"라고 말하면 우리는 아주 빨리 "피트, 그렇게 섣불리 판단하면 안 돼! 뭔가 일이 있겠지"라고 말할 것이다. 그러나 피트가 "얀처가 최근에 아주 활동적이고 적극적으로 참여한다고 생각해"라고 말하면 아무도 그에게 섣불리 판단하지 말라고 조언하지 않는다.

이렇듯 우리는 긍정적인 판단보다 부정적인 판단에 어려움을 겪는다. 이상하지 않은가? 왜 아름답고 똑똑하며 착하고 예의 바르다고는 말해도 되고 거만하고 덜떨어졌다고 말해서는 안 될까? 본질적으로 두 진술은 동일하다. 즉, 판단이다. 그런 점에서 판단할 때 우리는 위선적이다. "판단하면 안 돼"라고 말하지만 이는 부정적인 판단에만 해당한다.

우리는 종종 비판과 판단을 혼동한다. 비판은 비난과 거절이지만 판단은 추론을 통해 결론에 도달하는 것이다. 즉, 피트가 대충대충 한다는 이유를 합리적이고 명확하게 입증할 수 있다면 그것은 판단이 된다. 예를 들어 책상 청소를 하지 않고 키보드에 커피 얼룩이 가득하며 계약을 어기고 일을 마무리하지 않았다면 말이다. 피트는 대충대충 한다. 왜냐하면……. 만약 "대충대충 하는 것은 비난할 수 있다"라고 말한다면 당신은 비판의 모퉁이에 있는 셈이다. 그러나 종종 우리는 두 가지 일을 동시에 한다. "이런, 피트! 너무 대충하는 거

삶을 바꾸는 질문의 기술

아니야!"라고 말한다. 이 말을 할 때 표정과 억양은 우리가 판단과 비판을 동시에 하고 있다는 사실을 보여준다.

소크라테스의 문답식 대화를 하려면 판단과 비판을 분리해야 한다. 상황을 가능한 한 객관적으로 판단해야 한다. 그런 다음에 핵심 질문에 근거해 "그게 사실이에요? 제가 말하는 게, 생각하는 게 맞나요?"와 같이 그 판단에 대한 의문을 제기해야 한다. 그리고 판단할 때 책임감 있고 신중하게 다뤄야 한다. 가능한 한 객관적으로 바라보고 거리를 유지해야 한다. 이것을 '관념적 유연성'이라고 한다. 판단하고 견해를 밝혔어도 그것에 집착하지 마라. 2분 후에 바로 상반되는 내용으로 탐구를 시작할 수도 있다.

때때로 우리는 "판단을 미뤄야 해"라고 말한다. 나는 이게 가능한지 의심스럽다. 우리는 인식하기도 전에 무의식적으로 재빨리 판단한다. 인식조차 못 하는 것을 미루기는 어렵고 불가능할 수도 있다. 해결책은 다른 곳에 있다. 판단을 내렸다면 그 사실을 인식하고 거리를 유지해야 한다. 자신의 판단을 기록하고 그 판단을 대화에서 표현하지 말아야 한다. 그 판단은 뒤로 사라질 수도 있다. 자신의 판단을 철회할 수 있다. 이것은 미루는 것과는 본질적으로 다르다. 당신은 기록할 뿐 아무것도 하지 않아야 한다. 그냥 내버려두면 된다.

소크라테스의 문답식 대화는 이것과 관련이 있다. 우리는 자신이 판단하고 있다는 사실을 알아야 하고 또한 문제에는 여러 측면이 있다는 것도 알아야 한다. 판단하고, 대범하게 그 판단을 탐구하며, 거꾸로 매달아놓고 거세게 차버려야 한다. 그 판단을 쓰레기통에 버리고 다시 건져 올린 다음, 먼지를 털고 다른 각도에서 보자. 그런 다음 다시 쓰레기통에 던져버리면 된다.

좋은 일인지 나쁜 일인지 누가 알겠어요?

판단과 판단 철회. 이 둘이 우리 안에 어떻게 뿌리내리고 있는지를 보여주는 아름다운 이야기가 있다. 다음은 중국인 농부와 그 아들의 이야기다.

중국 시골의 한 마을에 농부와 아들이 살고 있었다. 오두막과 땅 외에 유일한 재산은 말뿐이었다. 그들은 그 말로 농사를 지으며 검소하게 살았다. 어느 날, 말이 울타리를 뛰어넘어 도망쳤다.

"이제 어떡해요?"

마을 사람들이 동정하면서 말했다.

"좋은 일인지 나쁜 일인지 누가 알겠습니까? 지금은 말이 달아났다는 것만 알 뿐이죠."

농부는 웃으며 조용히 말했다.

그 후 어느 날. 농부와 아들이 다시 밭에서 일하고 있었다. 도망쳤던 말이 일곱 마리의 야생마와 함께 돌아오는 게 멀리서 보였다.

그날 저녁 마을 사람들은 무척 기뻐하며 축하의 말을 건넸다.

"정말 잘됐네요! 말이 많아져서 재산이 늘었어요!"

"좋은 일인지 나쁜 일인지 누가 알겠어요? 지금은 말이 돌아오면서 일곱 마리의 다른 말을 데려왔다는 것뿐이죠."

농부는 조용히 웃으며 말했다.

다음 날, 농부의 아들은 새로운 말 중 한 마리를 길들이고 싶었다. 아들은 말 등에 올라탔고 말은 그가 땅에 떨어질 때까지 날뛰었다. 아들의 두 다리가 부러졌다. 마을 사람들은 그날 밤 아들과 농부를 동정하면서 말했다.

"정말 안됐어요! 세상에 젊은 사람이 두 다리가 부러지다니!"

"좋은 일인지 나쁜 일인지 누가 알겠습니까? 지금은 단지 제 아들의 두 다리가 부러졌다는 것뿐이죠."

농부는 다시 조용히 웃으며 말했다.

다음 날, 군인 두 명이 집으로 찾아왔다. 전쟁이 발발해서 모든 건강한 성인 남성은 즉시 보고해야 한다는 것이다. 군인들은 아들의 상태를 보고 징집에서 배제했다. 농부는 조용히 웃었다.

농부와 아들의 이야기는 당연히 '결과가 나올 때까지 기다 린다', '무엇이 좋은 일인지 결코 알 수 없다', '불행 중 다행' 과 같은 교훈을 준다. 스토아학파적이고 계몽적인 농부의 이런 자세는 그냥 저절로 생기지는 않는다. 마을 사람들의 반응이 우리에게 훨씬 더 친숙하다. 상자 속에 물건을 집어넣듯이 서둘러 판단을 한다. 재앙일까, 아니면 좋은 소식일까? 좋은 일일까, 아니면 나쁜 일일까? 뭔가를 얻을 수 있을까, 아니면 비용이 들까?

때때로 우리는 사물, 사실, 사건, 행동을 재빨리 구석으로 밀어 넣으려 혈안이 된다. 궁금증과 호기심, 심층적인 질문은 이러한 인간의 성향을 억누른다. 우리에게는 일반적으로 뭔가를 즉각적으로 판단할 만큼 충분한 정보가 없다. 농부처럼 판단을 잠시 보류해야 한다. 판단은 잠시 접어두자. 그 판단은 내일도 사용할 수 있다. 아마 그때쯤이면 모양이나 색이 바뀌었을 수도 있고 더 크게 자라거나 성숙해졌을 수도 있다. 그러는 동안 다른 정보가 생겨날지 누가 알겠는가!

어떻게 해야 더 신중하게 판단할 수 있을까?

더 신중하게 판단하는 것은 말처럼 쉽지 않다. 뭔가를 보고 듣고, 동료의 의견을 듣고, 상사의 질문을 듣고, 친구의 이야기를 듣고……. 우리는 제대로 알기도 전에 벌써 상자에 넣고 스티커를 붙여버린다. 그러한 선택은 당신의 판단이며 종종 당신의 가치와 개인적인 견해가 더 많이 개입한다. 너무 빨리 판단하지 않으려면 어떻게 해야 할까?

판단을 늦추는 데 도움이 되고 영감을 주는 철학은 스토아 철학이다. '스토아'라는 단어에는 약간 불쾌한 뒷맛이 있다. 감정도 없고 움직임도 없으며 접근하기 힘든 그런 느낌 말이다. 하지만 스토아 철학에는 그 이상의 의미가 들어 있다. '스토아'라는 말은 고대 그리스에서 종종 철학적 용도로 사용하던 '스토아(stoa)'라는 돌기둥에서 유래했다. 스토아 철학은 통제할 수 있는 것에 초점을 맞추고 통제할 수 없는 것은 놓아두라고 하는 실용적인 철학이다. 그 결과는 마음의 평정이다. 스토아학파는 삶의 발전을 위해 다양하고 구체적인 연습과 명상을 했다. 다양한 시대의 철학자들이 스토아 철학에 영향을 주었다.

스토아 철학에서 가장 중요한 철학자 중 한 사람인 에픽테토스는 『담화록』에 판단하려는 경향을 포함해 일상적인 문제에 대해 기록했다. 그는 판단하지 않고 관찰만 하라고 권유했다.

> 누군가 빨리 씻는다고 가정하자. 이런 경우 그가 잘못 씻는다고 말하지 말고 그냥 너무 빨리 씻었다고만 말해라. 누군가 와인을 많이 마신다면 술을 많이 마시는 것은 나쁜 습관이라고 말하지 말고 그냥 술을 많이 마신다고만 말해라. 그가 가진 동기를 정확히 모르면서 그가 나쁜 행동을 하는지 어떻게 알 수 있겠는가?
>
> _에픽테토스, 『담화록』

현대 작가인 마시모 피글리우치는 『당신은 어떻게 스토아학파가 될까요?』에서 한 걸음 더 나아갔다.

> 결론은 사실(관찰로 확인된 동의할 수 있는 사실)과 판단을 구별해야 한다는 것인데, 정보가 충분하지 않기 때문에 잠시 생각을 멈춘 후 사실과 판단을 구분해야 한다.

관찰과 해석의 차이

몇 년 전 나는 한동안 승마 강사로 일했고 말을 데리고 코칭을 했다. 말을 데리고 하는 코칭은 자신의 행동, 신념 및 에너지의 반영을 살펴볼 수 있는 좋은 방법이다. 말은 말을 할 수 없지만 우리의 몸이 훌륭한 통역자이다. 사람들은 말을 한 마리씩 데리고 가서 연습장에서 임무를 받았다. 그들의 첫 번째 임무 중 하나는 관찰이었다. 나는 그들에게 연습장의 가장자리에 서라고 요청한 후 "무엇이 보입니까?"라고 질문했다. 그러면 거의 항상 "말이 궁금해하는 것 같아요" "말이 두려워하는 것 같아요" "말이 저 멀리 쳐다보고 있는데 아무것도 하고 싶지 않은 것 같아요" "풀잎을 씹는 걸 보니 배가 고픈 것 같아요"라는 식으로 대답했다.

자기 소유의 말이 있는 사람들에게도 이 과제를 줬다. 이들은 말과 오랫동안 함께 지냈기 때문에 "고집이 센 녀석인데 더 자주 고집을 부리네요" "당신이 옆에 있어서 수줍어하네요" "귀가 모든 방향으로 빠르게 움직이는 걸 보니 흥미진진해하고 있네요"라는 식으로 대답했다.

객관적으로 관찰하고 본 대로 말한 사람은 거의 없었다. 그 누구도 "말이 왼쪽으로 걸어가요" "말이 먼 곳을 바라봐요""풀을 뜯어 먹고 있어요""귀를 뒤로 움직여요"라는 식으로 말하지 않았다. 나는 관찰과 해석의 차이를 설명한 다음 "여러분은 객관적으로 관찰을 했나요? 아니면 해석을 했나요?"라고 물었다. 명확한 관찰을 할 수 있을 때 더 순수한 해석을 할 수 있다. 사람들이 한 말은 해석이었고 실제로 입증되지 않은 가정이었다. 말이 안절부절못하거나 겁을 먹거나 화가 났는지는 확실하지 않았다. 기껏해야 "말의 행동 때문에 불안합니다"라고 말할 수 있다.

나는 이 방식이 사람들에게도 똑같이 작용한다는 것을 알게 되었다. 사람들은 자신만의 해석이 광장의 비둘기처럼 머리를 맴돌기 때문에 계속 관찰하지 못한다. 이때 소크라테스의 문답식 대화는 이야기를 방해하지 않으면서도 상황을 객관적으로 인식하게 해준다. 이야기를 들을 수 있도록 훈련시켜 주는 것이다.

판단한 내용을 기록하라

- 방금 놓친 기차, 비웃는 동료, 무례한 행인……. 자신이 이 모든 것에 판단하고 있다는 사실을 깨닫자.

- 지금 이 상황을 어떻게 생각하는지 자신에게 물어보자.

- 이 상황 또는 이 사람을 한두 단어로 뭐라고 부를까?

  (예 어리석다, 훌륭하다, 오만하다, 참을성이 없다, 아름답다, 추하다,
  너무 빠르다, 너무 느리다 등)

- 자신과 자신의 생각 사이에 거리를 두자.

- 자신이 어떻게 판단하고 있는지 기록하자. 예를 들어 자신의 생각이 어리석거나 나쁘지 않다고 생각할 수 있고 '그렇게 생각해서는 안 돼'라고 생각할 수도 있다.

생각의 유연성을 기르는 연습

자신이 서둘러 판단한다는 사실을 알고 있는가? 즉시 브레이크를 밟지 않고도 명확하게 표현할 수 있는가? 그렇다면 유연성을 연습할 준비가 되었다. 첫 번째로 할 일은 자신이 강한 판단력을 가지고 있다는 사실을 발견하면 바로 그 상황에서 잠시 시간을 내어 다음과 같은 생각을 해보는 것이다.

- 자신의 판단을 기록해보자. 지금 무엇을 생각하고 있는가?
- 지금 상황을 그대로 설명해보자.
- 나와 똑같은 상황에 처한 사람이 할 만한 세 가지 판단을 생각해보자.
- 그 판단을 뒷받침하는 각 판단에 대한 주장을 생각해보자.
- 다른 판단도 '사실'일 수 있는지 살펴보자. 이것만으로도 또 다른 관점으로 바라볼 수 있다.

예 ① 생각: 난다가 다시 불평한다.

② 상황: 난다는 커피머신 옆에 서서 요아킴에게 말하고 있다.

"너무 바빠서 항상 시간이 부족해. 어제는 늦게까지 일하느라 아이를 데리러 갈 수 없어서 정말 화가 났어"라고 말한다. 난다는 입꼬리를 내렸고 목소리 톤도 낮아졌다.

③ 이 상황에서 할 수 있는 판단

- 난다는 자신의 이야기를 털어놓을 만큼 요아킴을 신뢰한다.
- 난다는 근심 걱정이 많은 사람이다.
- 난다는 불평하고 있고 그녀도 그 사실을 알아야 한다.

객관적으로 판단하기

- 에픽테토스의 말을 염두에 두고 금욕적으로 훈련해보자.
- 사실에 기반해서 판단하고 그것을 기록해보자.
- 판단과 사실을 구분해보고 그 차이를 깨달아라.

> 예 ① 판단: 하름은 블라우스를 다림질해야 했다.
>
> ② 사실: 하름의 블라우스는 다림질하지 않아도 된다.

중간 단계는 그 판단에 의문을 제기하는 것이다.

"누가 하름의 블라우스를 다림질해야 한다고 했을까?"

"그냥, 내가!"

"내가 누구이길래 하름이 블라우스를 다림질해야 한다고 결정할까?"

"......."

해석 대신 관찰하기

객관적으로 관찰하면 자신과 거리를 두는 데 도움이 되고 궁극적으로는 판단력이 향상된다. 다음과 같이 해보자.

- 모르는 사람을 관찰해보자. 눈치채지 못하게 멀리서 누군가를 잠시 바라볼 수 있는 분주한 테라스나 광장이 적합하다.
- 보이는 것을 말 그대로 관찰하고 기록하자.
- 두 사람 사이에 논쟁(해석)이 보이면 그것도 보이는 대로 관찰해라. "그녀는 오른팔을 흔들고 입꼬리를 아래로 내립니다. 그는 위를 쳐다보며 한숨을 쉬며 외칩니다. '내 말이 바로 그거야!'"
- 관찰의 논리적 결론을 내리자. 이 경우에는 '두 사람이 논쟁하고 있다'가 될 것이다.

내가 아무것도 모른다고 가정해보자

알지 못한다고 생각하는 순간, 문이 열린다

소크라테스의 문답식 대화를 연습하려면 자신이 확실히 알고 있다고 생각하는 것에 대해 집중적으로 질문해야 한다. 이 말은 궁극적으로 자신의 생각을 확신하지 못한다는 의미다. 말하자면 자신이 무지하다는 사실을 인정하는 것이다. 참된 지식은 뭔가를 알지 못한다고 인식하는 순간 열린다. 지식의 경계에서 끊임없이 자기 확인을 하다 보면 새로운 발견을 하게 된다.

데카르트는 근본적 의심에 대해 많은 것을 가르쳐준 철학자다. '나는 생각한다. 고로 존재한다'로 가장 잘 알려져 있다. 데카르트는 확실히 알 수 있는 것을 찾기 위해 '방법적 회의론'을 발전시켰다. 의심할 수 있는 모든 것을 의심했고 의심하는 것을 모두 빼고 나면 진실만 남게 된다고 했다.

데카르트에 따르면 진정한 지식은 우리가 안다고 생각하는 모든 것에 대한 근본적인 의심에서 시작한다. 데카르트는 진정한 지식을 얻는 것이 목표였다. 그는 의자에 앉아 '방법론적으로' 의심하기 시작했다. 자신의 모든 신념에 대해 체계적으로 의문을 제기했다. 반론을 통해 자신의 확신을 무너뜨리려고 했다. 그는 타닥타닥 소리를 내는 불 앞에 앉아서 자신이 확실히 아는 게 무엇인지 찾기 시작했다.

'나는 이 의자에 앉아 있다고 확신한다.' 그는 여기에서부터 생각했다. '내 감각이 확실하게 알려줬다.' 그러나 곧 여기에 대해 의심을 시작했다. '이 의자에 앉아 있다는 증거로 사용한 감각이 꿈꾸는 것과 같은 감각은 아닐까? 그리고 꿈은 생생할 수는 없을까? 감각도 주기적으로 나를 속이고 있지 않을까? 나는 얼마나 자주 그렇지 않다고 생각하지? 주머니에 있지도 않은 휴대 전화가 진동하는 것을 느낀 적이 있나?' 맨 마지막 문장은 데카르트가 답하지 않았지만 만일 그가 지금 당신 옆에 서 있다면 그것을 논쟁으로 사용했을 것이다. 데카르트는 감각을 신뢰할 만한 지식의 원천으로 보지 않았다.

데카르트가 의심할 수 없었던 하나는 바로 자신이 불 앞 의자에 앉아 있다는 사실이었다. 데카르트는 생각하고 있다고 확신했다. 그는 의심하기 시작했고 의심하고 있다는 것을 확신했다. 어떤 식으로 봐도 '생각하는 것'이 있었다. 여기에서 그 유명한 '나는 생각한다. 고로 존재한다'가 나왔다. 소크라테스의 문답식 대화를 훈련하고 싶다면 데카르트를 통해서도 영감받을 수 있다. 만약 의심하기 위해서 당신의 모든 확신을 되짚어보면 거의 확신할 수 없다는 사실이 드러난다.

5분 동안 내가 아무것도 모른다고 생각해보기

의심과 무지는 비슷하다. 의심과 무지는 둘 다 뭔가를 모른다는 데 기반을 둔다. 차이점은 의심에는 불확실성이 따라오지만 무지는 더 확고하고 의식적인 경험이라는 점이다. 의심은 무지의 가족이다. 그냥 신경질적인 여동생이라고 하자. 무위가 고요에서 온 순수한 행동이고 자아와 관련이 없는 것처럼 의심과 무지도 그렇게 바라볼 수 있다. 의심한다는 것은 당신이 의심스러워하는 내용과 얽혀 있다는 의미다.

- 무지는 거리를 두고 있고 한 걸음 물러나 있다.
- 무지는 아무것도 원하지 않지만 의심은 끝을 바란다.
- 무지는 의식적으로 확신을 버리지만 의심은 확신을 추구한다.
- 무지는 열어두지만 의심은 고정한다.
- 무지는 평안한 눈으로 바라보지만 의심은 여기저기 쏘아본다.

- 무지는 조용히 서서 경험하지만 의심은 움직이고 탐색한다.

- 무지는 시야가 넓지만 의심은 시야가 좁다.

- 무지는 인내할 줄 알지만 의심은 답변을 원한다.

- 무지는 자신과 관련이 있지만 의심은 타인과 관련이 있다.

- 무지는 어떤 것도 해결하려 하지 않고 그저 참지만 의심은 스스로 해결하려 한다. 특히 존재하지 않는 것을 해결하려 한다.

- 무지는 침착함과 자신감에서 태어났고 의심은 두려움에서 태어났다.

- 무지는 그대로 놔두지만 의심은 뭔가를 하려 한다.

회의 중이라고 가정해보자. 아주 중요한 결정을 내려야 하는 회의다. 물론 아직 회의는 결론이 나지 않았고 당신은 할 일이 수백 가지여서 회의가 너무도 길게 느껴진다. 그러나 이제 결정을 내려야 하고 논쟁을 멈추고 무엇을 선택할지 논의해야 한다. 이 과정을 시작하기 전에 "5분 동안만 아무것도 모른다고 생각해보자"고 서로에게 이야기한다. 그리고 이것을 기업 문화로 만든다. 그럼 무슨 일이 생길까?

혹은 식사 중에 가족이 다투고 있다고 생각해보자. 딸아이는 먼 거리에서 열리는 파티에 가겠다고 하고 부모님은 안 된다고 한다. 그렇다고 오빠가 한밤중에 여동생을 데리러 갈 마음도 없다. 만약 이런 상황에서 "5분 동안만 우리가 아무것도 모른다고 생각해봐요"라고 하면 식탁의 언쟁과 분노, 좌절이 가라앉을까?

아마 모든 사람이 자리에 앉아 혼자 생각하면서 그 내용을 종이에 적고 장단점을 신중하게 따져볼 것이다. 강하게 자신의 주장을 내세우던 사람이 조용히 5분 동안 자신의 생각을 정리하게 될 것이다. 그러면 서로를 밀어붙일 수도 없다. 어떤 갈등 상황에서 이렇게 5분의 시간을 갖는다면 우리의 대화는 어떻게 달라질까?

의심하라!

- 무엇을 절대적인 사실로 확신하는가?
- 자신의 확신을 적어보자.
- 그 확신에 대해 생각해보면서 "이것이 정말 사실일까"라고 자신에게 물어보자.

- 이 물음에 "이것은 절대적으로 사실이다. 왜냐하면……"으로 답해보자.
- 그다음 "아니다, 이것은 사실이 아니다. 왜냐하면……"으로 반대 주장을 적어보자.
- 당신에게 동의하지 않는 사람들은 뭐라고 말할까?
- 당신은 어떤 점에서 상대에게 동의해야 할까?

소크라테스처럼 질문하는 법 6
연민하되 공감하지 마라

우리의 공감은 편향되어 있다

우리는 다른 사람과 대화할 때 공감대를 형성하고 싶어 한다. 모임과 교육 과정에서 공감을 비활성화하는 것은 거의 죽음이다. 하지만 (자신이나 다른 사람의) 생각을 움직이게 하는 날카로운 질문을 하고 싶다면 공감은 거의 소용이 없다. 공감은 다른 사람의 입장이 되어 말하는 것이다. 언뜻 보기에 '공감이 왜 문제가 되지?' '상대방을 더 잘 이해하면 좋잖아?'라고 생각할 수 있다.

물론 그렇다. 많은 사람이 공감에 호의적이다. 그러나 공감은 거리를 유지하고 도덕적이고 객관적인 질문을 던져야 할 때는 최악의 적이다.『공감의 배신』이라는 책을 쓴 예일대학교의 심리학자인 폴 블룸은 〈보스턴 리뷰〉에 다음과 같은 글을 썼다.

사람들이 나에게 무엇을 하고 있냐고 물으면 나는 종종 공감에 대한 책을 쓰고 있다고 말한다. 그러면 보통 웃으며 고개를 끄덕인다. 하지만 "저는 공감에 반대합니다"라고 말을 덧붙이면 불편한 웃음이 이어진다. 처음에는 이런 반응에 놀랐다. 하지만 공감에 반대하는 말은 새끼고양이가 싫다는 말과 같다는 사실을 깨달았다. 농담으로나 받아들일 수 있는 그런 이상한 말이었다.

블룸은 도덕성, 연민, 친절, 사랑, 좋은 이웃, 옳은 일, 더 나은 세상을 위한 노력 등에 반대하지 않는다고 말한다. 사실이 모두를 지지한다고 했다. 하지만 공감은 그렇지 않다고 했다. 좋은 사람이 되고 좋은 일을 하고 싶다면 공감은 나쁜 상담자라는 것이다.

연구에 따르면 사람들은 자신과 닮은 사람들, 아주 잘생긴 사람들, 그리고 자신이 속한 사회 집단의 사람들에게 더 크게 공감한다고 한다. 즉, 우리의 공감은 엄청나게 편향되어 있다.

블룸은 공감을 인지적 공감과 정서적 공감으로 구별했다. 당신의 지성을 이용해서 다른 사람의 마음에 당신을 자리 잡게 할 수 있다. 예를 들어 의사는 자신의 이야기가 환자에게 어떤 영향을 미칠지 생각해야 한다. 이는 합리적인 추측이며 사회적 지능의 현명한 사용법이다. 그러나 감정 이입은 다른 이야기다. "의사도 환자에게 감정적으로 공감해야 합니까?"라는 질문에 블룸은 아니라고 말한다. 만약 그렇게 되면 의사는 제정신이 아니어서 수술할 수가 없다. 도덕적 판단처럼 일정한 거리를 유지해야 하는 상황에서 공감은 오히려 나쁜 상담가이다. 도덕적 판단은 공감이 아니라 합리적 성찰을 통해 얻을 수 있기 때문이다.

블룸은 자신의 책과 논문에서 정서적 공감의 대안으로 비공감적 연민 또는 공감하지 않는 연민을 주장한다.

가장 친한 친구의 파트너가 세상을 떠났다고 상상해보자. 큰 공감 반응은 그 고통을 함께 느끼는 것이다. 공황, 슬픔 등 느낄 수 있는 모든 것에 공감할 수 있다. 그런데 문제는 그런 공감이 친구와 당신에게 유익하냐이다. 공감하지 않는 연민은 더 많은 것을 얻을 수 있다. 글자 그대로 고통 속에서 자신을 잃지 않고 도움과 지원을 제공할 수 있다. 거리를 적절히 뒀을 때 더 편한 상태가 되고 객관성을 유지할 수 있다. 이야기에 덜 끌려다니고 상대방의 말을 더 잘 듣고 분석할 수 있다. 공감이 거의 필요 없다. 다른 사람의 상황을 더 자세히 알기 위해 던지는 훌륭하고 심층적인 질문은 결국 "공감하지 마세요"라는 말과 같다. 그러니 잠시 공감을 멈추는 게 좋다.

소크라테스의 문답식 대화에서는 이를 '공감 제로 상태(Zero Position)'라고 부른다. 거리를 유지하고 비판적인 질문을 하려면 공감하고 함께 고통을 느끼는 성향의 스위치를 꺼야 한다. 공감 제로 상태는 감정과 표현을 확정하거나 부정하지 않는 능력이다. 대화 중에 공감하고, 도움을 주고, 팁을 주고, 자신의 경험을 공유하다 보면 사고의 움직임이 멈춰버릴 수 있다. 공감 제로 상태일 때, 자신의 생각을 유지하고 생각을 더욱 깊게 할 수 있으며 상대방에게 질문을 계속하게 해준다.

소크라테스는 공감 능력을 차단하는 데 대가였다. 사실, 논쟁, 가정에 대해 끈질기게 질문했다. 사람들은 종종 안절부절

못하고 소크라테스의 공감 제로 상태에 화를 내거나 부끄러워했다. 하지만 공감 반응을 하지 않기에 소크라테스의 문답식 대화가 이어질 수 있었다. 공감하지 않았기에 진정으로 심사숙고할 수 있었고 대화에 깊이가 주어졌으며 새로운 통찰의 여지도 생겼다. 소크라테스가 상대방에게 "오, 화가 났군요. 저도 공감합니다. 우리 한잔할까요?"라고 한다면 대화는 풍부해질 수 없다.

때로는 상대방에게 공감하며 어깨를 두드리기보다 아주 좋은 질문이 더 도움이 된다.

공감 제로 상태

내 철학 상담소에는 삶의 중요한 질문을 탐구하는 사람들이 찾아온다. 사람들은 한동안 품고 있던 질문들을 던지는데, 그중에는 아주 오랫동안 생각했지만 답을 찾지 못한 것도 있다. 나는 찾아온 사람들과 함께 질문뿐만 아니라 질문의 기초가 되는 모든 생각들에 대해 조사한다. 실제로 나는 더 무자비한 질문으로 그 사람들을 귀찮게 한다. 고통스러운 질문은 사람을 생각하게 하고 때로는 불안하게도 만든다. 하지만 누군가를 절벽으로 밀어붙이고 자학하게 만들려고 질문을 던지는 건 아니다. 함께 더 현명해지고 싶을 뿐이다. 자신이 실제로 생각하는 것과 그 생각의 기초가 무엇인지 현명하게 바라보자.

나는 상담자들과 함께 공감 제로 상태에서 전체 논리를 살펴본다. "당신의 생각이 맞나요?" "이게 말이 되나요?" 이렇게 질문하면서 엉킨 생각의 실타래를 풀어간다. 우리는 하나의 생각이 어떻게 다른 생각 위에 기초를 세우는지 살펴보고 바탕에 깔려 있는 의식에 대해 알아본 후 그에 대해 질문한다. 대화를 통해 '자신이 누구인지, 무슨 생각을 하는지, 정확히 무슨 일이 벌어지고 있는지'를 분석한다.

소크라테스는 "너 자신을 알라"고 말했다. 이 말은 자기 안의 추하고 예쁘지 않고 부끄러운 부분까지를 포함한다. 말 그대로 거울을 보는 것이다. 가능한 한 명확하게 자신이 누구이며 무엇을 생각하는지 정직하게 바라봐야 한다. "너 자신을 알라"는 때때로 나 자신이 이기적이고 무뚝뚝하며 개자식이거나 멍청이라는 뜻이기도 하다. 또한 차별과 불합리, 거짓, 조작을 알아내라는 뜻이기도 하다. 우리는 이 모든 낙인을 다른 사람들에게 쉽게 찍을 수 있다. 자신을 정직하게 바라볼 수 있을 때만 무엇이 문제인지 알게 된다.

헨리트는 나이가 예순 가까이 된 중등학교 철학 교사로 철학적 상담을 원했다. 헨리트에게는 해결되지 않는 문제가 있었다. 첫 질문은 "제가 차별하고 있을까요?"였다. 흥미롭고 드문 질문이었다. 이런 질문은 자신에게조차 하기 힘든 질문이다. 그러니 다른 사람과 철학적 대화를 나누면서 탐구하려면 더더욱 용기가 필요하다.

헨리트는 자신의 생각을 탐구하고 싶었지만 처음에는 쉽지 않았다. 많은 자기 검열이 숨어 있었기 때문이다. 질문의 배경에는 수치심과 죄책감이 있었다. 그래서 사람들은 질문을 피하려고 보통 와인, 넷플릭스, 페이스북으로 주의를 분산하거나 스스로에 대해서는 생각하지 않으려 든다. 하지만 헨리트는 대범하게 이 질문을 자신에게 했고 나와 함께 조사에 들어갔다.

나는 무엇을 '차별적'이라고 생각하는지 물었다. 헨리트는 수치스러워했다.

"아니요, 말할 수 없어요. 어떻게 말해요. 안 돼요. 전 망할 철학 교사고 모범을 보여야 해요. 그런 생각을 하면 안 됩니다."

그래서 우리는 먼저 철학 교사의 역할을 이야기했고 나는 헨리트에게 '철학 교사'에 대한 기준이 있다는 사실을 알게 되었다. '철학 교사는 이런 식으로 행동해야 해' X나 Y를 생각하면 안 돼'라고 생각했다. 헨리트는 곧 그런 신념을 지킬 필요가 없고 자신이 클라크 켄트(영화 〈슈퍼맨〉의 주인공 이름)가 아니지만 17시간 후에 슈퍼맨 옷을 입을 수도 있다는 사실을 받아들였다. 마침내 헨리트는 '차별적인 생각'을 대범하게 말했다.

"저는 종종 흑인이 백인보다 멍청하다고 생각해요."

그는 말한 후 바로 사과했다. 얼굴을 붉히고 말을 더듬었다.

"저, 죄송합니다. 이게 제가 하고 싶은 말이었어요. 어쨌든 이런 생각은 말이 안 돼요. 이렇게 생각하면 안 되는 거 알아요."

이럴 때 공감 제로 상태가 되어야 한다. 만약 내가 공감했다면 헨리트를 달래주었을 것이다. "너무 나쁘게 생각하지 마세요. 모든 사람이 가끔 옳지 않은 일을 생각하기도 해요. 당신도 사람이잖아요"라고 말했을 것이다. 하지만 나는 위로해주지 않았다.

머릿속에 자리 잡은 생각과 세상을 바라보는 생각을 달래거나 무시하거나 경시하거나 판단하거나 귀여운 하트 모양의 담요로 덮는 것은 아무 소용이 없다. 그러한 생각은 진심으로 검토하고 질문하고 테스트할 때 가치가 있다. "지금 이 생각이 사실일까?"라고 질문해야 한다. 그렇게 해야만 명확하게 보고 사람과 세계에 대한 자신의 견해와 일치하는지 다시 결정할 수 있다.

나는 헨리트에게 흑인이 백인보다 멍청하다는 주장의 근거를 이야기해달라고 했다.

"글쎄요, 예를 들어 직원실이나 컨벤션센터에서 주변을 둘러보면 흑인보다 백인이 더 많아요. 백인들은 표현을 더 잘하고 흑인들보다 교육도 더 많이 받아요. 그런 걸 보고 결론을 내린 거예요."

헨리트의 주장은 '주관적 주장(Anecdotal argument)'의 범주에 속한다. 개인의 경험을 일반화했다. "우리 할머니는 담배를 피우시고 지금 93세인데 여전히 살아 계셔. 그래서 흡연은 그다지 나쁘지 않은 것 같아"라는 말은 주관적 주장의 대표적인 예다. 자기 할머니의 사례를 일반화시키는 것은 말이 되지 않는다. 하지만 우리는 자주 그렇게 하며 가장 중요한 사실은 말하는 사람도 그렇게 믿는다는 점이다. 말을 하는 사람은 이런 생각에 이미 갇혀 있다. 이렇게 사고가 '고정되어' 있을 때는 질문자가 머리를 써서 상대방을 다시 움직이게 해야 한다. 관점을 변화시키는 방법과 사물을 다른 각도에서 보는 방법을 찾아야 한다. 다른 빛에 비춰보도록 해야 한다. 이를 위해 거리가 필요하다.

나는 '그렇다고 상상해봐' 질문법을 선택했다.

"내일 아프리카의 한 대학에 교환 프로그램으로 파견된다고 가정해보겠습니다. 교사실은 어떻게 생겼습니까?"

헨리트는 잠시 침묵했다.

"달라요! 물론 교사실에는 흑인이 더 많아요. 제가 정해진 틀에 갇혀 있었던 거네요. 흑인에 대한 제 가정은 옳지 않아요. 제 주변 사람들에 대해서도 많은 것을 생각하게 하네요. 제가 제시한 논리적 근거는 당연히 논리적 근거가 아닙니다."

"흑인이 백인보다 멍청하다는 생각을 뒷받침할 근거가 더 있습니까?"

때로는 가장 밑바닥까지 내려가기 전에 끄집어내야 할 논쟁이 많이 있다. 헨리트는 오랫동안 생각했다.

"아니요. 그게 유일해요. 다른 근거가 더 없나 하고 아무리 생각했지만 없어요."

헨리트는 근거를 더는 대지 못했다. 헨리트의 가설은 기준이 없었다. 그저 교무실에서 관찰한 것으로 판단했을 뿐이다.

그 상황에 의문을 품지 않고 당연하게 받아들여 결론을 내렸다. 그런 자신의 생각을 깨닫고 놀랄 때까지 진실로 믿고 있었다. 이 대화를 통해 헨리트는 혼란스러워했지만 곧 사고가 확장되면서 안도했다.

자기 생각에 갇혀 있을 때는 스스로 빠져나올 수가 없다. 생각이 원이라면 그 안을 빙빙 돌 뿐이다. 또한 자신의 생각을 평가하기도 한다. 그런 생각을 하면 안 된다는 생각에 진짜 자신의 생각을 제대로 바라보지 못한다. 자신의 생각을 제대로 볼 수만 있다면 사고의 폭이 넓어진다. 자신을 위한 새로운 선택지도 만들 수 있다. 공감하면서 달래주거나 안심시켜 주는 대화 상대는 필요하지 않다. 또한 "그렇게 생각하면 안 돼!"라고 비난하는 사람이 아니라 당신의 말을 객관적으로 기록하고 대범한 질문을 던져줄 사람이 필요하다.

소수 의견과 소크라테스식 반사

1957년에 제작된 멋진 영화 〈12명의 성난 사람들〉은 소송에 대한 영화다. 그 당시 모두 남자뿐이었던 12명의 배심원은 어린 소년의 운명을 결정해야 했다.

도시 빈민가에 사는 한 10대가 아버지를 살해한 혐의로 기소되었다. 배심원들이 그 사건의 선고를 내려야 했다. 12명의 배심원은 자신들이 '유죄'라고 말하면 그 소년이 사형 선고를 받는다는 사실을 들었다. 또한 '유죄' 또는 '무죄' 판결이 만장일치로 이뤄져야 했다. 배심원은 심의를 위해 배심원실로 갔다.

첫 번째 투표에서 11명의 배심원이 '유죄'를 결정했다. '유죄'에 동의하지 않은 유일한 사람은 8번 배심원이었다. 그 순간 영화에서 일어나는 일(처음 15분)은 우리가 현실 집단에서 어렵지 않게 볼 수 있는 모습이다. 고유한 성격과 성향, 콤플렉스를 가진 12명의 남자가 투표를 했고 헨리 폰다가 배역을 맡은 8번 배심원은 첫 번째 투표에서 '무죄'를 선택했다. 다른 배심원들은 필사적으로 주변을 둘러봤다. 배심원 중 한 명이 껄껄대고 웃으며 "이런이런, 항상 한 명이……"라고 말했다.

"어떻게 무죄일 수가 있죠? 목격자가 있잖아요. 저런 부류의 젊은이를 알지. 손에 무기가 있었다고요!"

"정말 그가 결백하다고 생각하십니까?"

"모르겠어요."

헨리 폰다가 말했다.

"어떻게 모를 수가 있죠? 법정에 함께 있었고 증거를 모두

봤잖아요? 위험한 녀석이에요. 우리 중 11명이 유죄라고 생각해요. 당신만 빼고 모든 사람이 확신하고 있다고요"

"그가 결백하다고 확신하는 게 아니에요. 그저 이 사건을 적어도 5분은 자세히 살펴봐야 한다고 생각해요."

헨리 폰다가 주저하며 말했다.

그룹 전체의 반응을 잘 보자. 다수가 소수를 설득하려고 한다. 배심원장은 "그냥 당신의 생각을 말해주세요. 그럼 당신이 무엇을 간과하고 있는지 말해줄게요"라고 말한다. 배심원장 옆에 있는 사람이 "우리가 옳고 이 신사분이 옳지 않은 이유를 설명해줘야 할 거 같네요. 확실하게 설명해주는 데 몇 분 정도 걸릴 것 같습니다"라고 덧붙였다.

대개의 집단에서 다수의 일반적인 반응은 가능한 한 빨리 소수를 정리하는 것이다. 소수는 가능한 한 빨리 다수의 생각이 옳다고 믿어야 한다. 소수의 외톨이는 최대한 빨리 다수의 그룹에 합류하라고 종용받는다.

소크라테스의 반사(reflex)는 근본적으로 이와는 반대다. 소수의 목소리가 존중받아야 한다는 것이 기본 전제이기 때문이다. 이런 사고에서 흥미로운 관점, 새로운 생각, 다른 선택의 가능성을 발견할 수 있다.

우리는 종종 누군가를 침묵시키기 위해 너무 서두른다. 하지만 나와 다른 의견, 소수 의견에서 더 큰 지혜를 발견하기도 한다. 영화 〈12명의 성난 사람들〉은 그에 대한 좋은 예이다. 헨리 폰다는 결국 다른 11명의 배심원에게 소년의 결백을 주장한다. 모든 증거를 신중하고 비판적으로 검토하면서 점점 더 많은 배심원이 동의하게 되고 마침내 그 소년은 무죄를 선고받는다.

한 중학교 선생님이 자신의 반 학생인 다니에 대해 이야기한 적이 있다. 다니는 "모든 외국인은 이 나라를 떠나야 합니다"라고 투덜거렸다. 교실에서 그런 말을 하다니, 물론 충격적이었다. 첫 번째 가능한 자연 반사는 화를 내며 학생을 밖으로 내쫓고 처벌하는 것이다. 학생은 생각을 바꾸도록 교육받고 특별 지도를 받을 것이다.

"그렇게 말하면 안 돼. 그런 생각은 하지도 말아야 해. 그런 생각이 너한테는 아무 도움이 안 돼."

두 번째는 호기심과 놀라움을 자극하는 소크라테스식 반사를 이용하는 것이다. 예를 들어 "정확히 어떤 외국인을 의미하니? 전부 아니면 일부? 그리고 '반드시 이 나라를 떠나야 한다'는 기준은 뭐니? 그 사람들이 무슨 일을 저질렀니? 아니면 단지 외국인이니까 이 나라에서 떠나야 하는 거야?"라고 물어본다. 나는 그 학생의 주장이 매우 궁금했다. 그는 어떤 논리를 가지고 있을까? 만약 그 학생에게 '너의 생각을 바꿀 마음이 없고 진심으로 이해하고 싶다'라는 느낌을 줄 수 있다면, 그의 생각을 조금 확장시키면서 함께 탐험할 수도 있을 것이다. 예를 들어 "모든 외국인이 단순히 네덜란드 사람이 아니기 때문에 이 나라를 떠나야 한다면 친구들은 어떻게 할 거니? 넌 나스린하고 친하잖아. 나스린은 네덜란드에 온 지 얼마 되지 않았고 네 기준에 따르면 개도 '외국인'인데 그 친구도 이 나라를 떠나야겠네. 그럼 어떻게 할 거니?"라고 질문할 수 있다.

이렇듯 소크라테스식 반사는 깊이 있는 토론을 가능하게 만든다. 혹은 최소한 상대방에게 유연한 사고의 기회를 제공한다. 이것은 그 자체로 가치가 있다.

'삶을 바꾸는 질문의 기술

공감 제로 상태 훈련

- 먼저 연습할 사람을 찾고 연습하고 싶은 것을 설명해라.

- 상대방에게 몇 주 동안 짜증 나게 한 게 무엇인지 물어보자. 계산대에서 떠밀렸을 때라고 할 수도 있고, 교통 체증 때문에 힘들었다거나 시어머니와 싸웠다고 할 수도 있다.

- 상대방의 말을 경청하자. 공감하거나 당신의 감정을 확인하지 말고 "아, 얼마나 지랄 같은지" 혹은 "와, 정말 짜증 나" 같은 말도 하지 않는다.

- 상대방이 말을 하는 동안 듣기만 하고 침묵을 지킨다.

- 상대방이 말을 마치면 그 상황에 대해 질문을 하나 한다. 예를 들어 "거기에 또 누가 있었습니까? 그 싸움은 얼마나 오래 계속됐습니까? 어땠나요? 무엇 때문에 화가 났습니까?"라고 질문해보자.

- 질문한 후 다시 듣기만 하고 침묵을 지켜라.

- 그 후에 다른 질문을 해라.

계속 이런 식으로 진행해라. 당신은 대화에서 질문만 해야 한다.

상대와 대화를 주고받는 것에 익숙해서 아마 부자연스럽다고 느낄 것
이다. 그러나 이런 대화만 잘 연습해도 공감 제로 상태는 정반대의 결
과를 낳을 것이다.

소크라테스처럼 질문하는 법 7
상대가 짜증을 내도 마음에 담지 마라

문답식 대화의 부작용

사람들은 자신이 무슨 이야기를 하고 나면 다른 사람이 반
응해주기를 원한다. 그러나 소크라테스의 문답식 대화를 연
습할 때 때때로 상대방이 원하는 반응을 보이지 않는 경우가
있다. 채팅에 참여하지 않고 조언하지도 않으며 공감도 해주
지 않는다. 이런 반응은 상대방을 짜증 나게 할 수 있다. 그래
도 나쁜 것은 아니다. 문지르지 않으면 광이 나지 않는다고
했다. 상대방이 짜증을 낸다면 그것은 당신이 화나게 하는 질
문을 했다는 뜻이다. 그런데 이것은 좋은 지적을 했다는 의미
이기도 하다. 어쨌든 그 사람에게 중요하지 않다면 왜 화를

내겠는가? 중요한 것은 당신이 그 짜증을 잘 삼켜야 한다는 사실이다. 그래야 상대방이 당신에게 자신의 짜증을 잘 터뜨릴 수 있다.

소크라테스의 문답식 대화 때문에 어머니가 짜증을 심하게 냈던 적이 있다. 나는 멕시코로 휴가를 갔고 무사히 도착했다는 사실을 어머니에게 알리지 않았다. 어머니는 몹시 화를 냈다.

"자식은 휴가를 가면 부모한테 전화해야 하는 거야!"

나는 완전히 소크라테스가 되었다. 공감 반응을 보이지 않았고 어디에서 그런 개념이나 규범이 왔는지 되물었다. 솔직히 진짜 그게 사실인지도 궁금했다. 나는 무엇이 어머니를 화나게 했는지, 어머니의 생각 뒤에 있는 가정이 무엇인지, 그 가정이 정확히 어떻게 작동하는지 등을 계속 물었다. 나의 평정심은 어머니의 짜증을 유발했다. 어느 순간 어머니는 절망적인 목소리로 "평범한 대화는 할 수 없는 거니?"라고 외쳤다. 이에 대한 내 답변 역시 질문이었다. 즉, 어머니가 말한 '평범한 대화'를 질문으로 이해하고 다시 질문한 것이다.

"그냥, 정상적으로 말을 좀 하라고! 감정을 가지고!"

어머니가 다시 외쳤다. 이 상황에서 나는 두 가지를 배웠다.

첫째, 사람들은 감정이 들어 있는 대화가 '정상'이라고 생각한다. 정말 그럴까? 그런 감정이 대화에 도움이 될까?

둘째, 기대했던 공감을 받지 못하면 실망하고 좌절한다. 따라서 먼저 공감하는 답변을 해준 다음에 소크라테스의 문답식 대화를 하면 된다. 그러지 않고 계속해서 생각지도 못한 질문을 한다면 상대방이 짜증을 낼 수 있다. 하지만 이때 당신은 그 짜증을 마음에 담지 말아야 한다.

대화는 무엇이 다른지 탐구하는 일

소크라테스의 문답식 대화는 서로 끝없이 질문하면서 함께 지혜에 도달하는 방법이다. 다른 사람을 설득하거나 다른 사람의 의견을 옹호하려고 논의하는 게 아니다. 생각 속에 숨겨진 전제와 지혜를 찾아내어 '무엇이 어떻다는 것인지'를 공개적으로 탐구하는 일이다. 말과 생각은 다른 사람의 생각을 통해 더욱 날카로워지고 가끔 공통의 비전을 만든다. 최근 소크라테스의 문답식 대화가 점점 인기를 끌고 있다. 자유 시간뿐만 아니라 조직 내에서도 다양하게 시도하고 있다. 은행,

의료 센터, 의사와 변호사, 친구끼리, 심지어 감옥에서도 적용할 수 있다.

대화는 철학적 질문에서 시작한다

정의란 무엇인가? 언제 거짓말을 해도 되는가? 언제 도움을 중단해야 하는가? 우리는 왜 함께 일하는가? 환자를 위해 무엇을 해야 하는가? 판사가 개인 의견을 내도 될까? 도둑질은 언제 허용되는가? 고객 친화적이라는 말은 무슨 의미일까? 이것들은 새로운 관점을 탐구하고 전후 관계를 발견하며 새로운 사고 능력을 탐구하도록 만드는 흥미로운 질문들이다. 이런 질문에 대한 답은 구글, 위키피디아, 일간지 신문 등에는 나오지 않는다. 당신은 오직 연구하고 생각하며 질문을 통해 더욱 현명해질 수 있다.

소크라테스의 문답식 대화는 중심에 놓인 철학적 질문과 더불어 참가자 중 한 사람의 실제 사례를 바탕으로 진행한다. 하나의 구체적인 경험이 전체 대화를 이끌 수 있다. 이것은 '거짓말', '정의', '협력'과 같은 큰 개념을 일상적인 연습에서 테스트하고 사용해야 하기 때문에 중요하다. 우리는 종종 추상적으로 뭔가에 대해 이야기한다. "무엇이 거짓말을 하고

있죠?"라고 그룹 사람들에게 질문하면 이성적으로 동의할
수 있는 포괄적인 정의를 내리는 경우가 많다. "언제 도움을
중단해야 할까요?"라는 질문에는 도움이 되거나 최소한 좋
게 들리는 포괄적인 답변을 제시한다. 그러나 하나의 구체적
인 상황을 계속 살펴보노라면 변하게 된다. 그렇다면 포괄적
인 정의는 맞지 않는다. 자신의 입장을 밝혀야 한다. "이것은
거짓말인가?" "그 이유는 무엇인가?" "도움이 되었는가?" 같
은 질문에 설명할 수 있어야 한다. 예를 하나 들어서 설명하
면 대화가 명확해지고 깊이도 생긴다.

"친구에게 거짓말을 해도 될까요?"라고 질문을 던진 후 소
크라테스의 문답식 대화를 한 적이 있다. 모든 참가자에게 첫
번째 대답을 적어달라고 요청했다. 자신의 주장과 함께 '예,
아니요'로 답변하라고 했다. 이에 의견이 둘로 나뉘었다. 일
부는 다른 사람을 생각해서 거짓말을 해도 된다거나 선한 거
짓말을 했다고 답했다. 그 외 사람들은 진정한 친구라면 항상
진실을 말해야 한다고 답했다. 참가자 중 한 명인 에스터는
다음과 같은 사례를 발표했다.

저의 친한 친구 중 한 명은 별로 운이 안 좋았어요. 사귀는 남자들이 다

이상했거든요. 이유 없이 친구를 차버리거나, 어느 날부터 다른 여자를 사랑하거나, 친구를 너무 함부로 대하거나 하는 식이었죠. 그런데 몇 주 전에 친구가 사랑에 빠졌다면서 새로운 남자 친구 사진을 보여주는 거예요. 사귄 지 몇 주 됐다고 하더라고요. 친구는 정말 그 남자를 사랑하는 것 같았어요. 남자 친구가 친절하고 재미있고 자상하다며 너무 행복해했죠. 그런데 그 남자 사진을 보고 깜짝 놀랐어요. 사실 전 이미 그 남자가 누군지 알았거든요. 그 사람 원래 유명했어요. 바람둥이에다가 경찰서도 여러 번 들락거렸다고 들었거든요. 친구가 "내 남자 친구 어때?" 하고 물었어요. 하지만 저는 솔직히 말할 수가 없었어요. "아 그래. 좋아 보이네. 네가 행복해 보여서 기뻐!"라고만 말했어요.

흥미로운 질문이 시작되었다. 이것은 거짓말일까? 이러한 상황에서 거짓말을 하는 게 옳을까? 이게 우정일까? 왜 그럴까? 혹은 왜 우정이 아닐까? 사람들은 이 상황에 대해 함께 생각하면서 거짓말과 진실, 우정, 사랑의 조건, 보호, 진정한 관계 등에 대해 많은 이야기를 나눴다. 이렇게 사례를 중심으로 대화할 때 관점이 더 명확하게 드러나고 참가자들은 서로의 생각을 탐구하는 질문을 던질 수 있게 된다.

나는 사람들에게 "친구에게 거짓말을 해도 될까요?"라는 질문에 처음으로 쓴 답변을 다시 보라고 말했다. 많은 대화를 주고받은 후 똑같은 답을 적었을까? 아니면 다른 이야기를 했을까? 여기서 중요한 것은 아무도 첫 번째 답변을 고집하지는 않았다는 것이다. 대화를 나눈 후, 기존에 갖고 있던 생각에 새로운 시각이 피어났기 때문이다. 이렇게 소크라테스식 대화는 '시간이 지난 후에 알게 되는 것'보다 더 많은 생각과 질문의 기회를 제공해준다.

대화는 뭔가를 정의하는 것이 아니다

강의나 모임에서 소크라테스의 문답식 대화를 이끌다 보면, 가끔 "먼저 비전, 정의, 용기, 거짓, 도움이 무엇인지 정의해야만 합니다"라고 말하는 사람이 있다. 왜 그런 말을 하는지 알지만 소크라테스의 문답식 대화에서는 의미가 없다. 아무런 쓸모가 없다.

우리는 하루 종일 특정 상황에 대해 어떻게 생각하는지 말한다. 예를 들면 "그런 거짓말을 하면 안 돼" "제시간에 안 오는 건 다른 사람을 존중하지 않는 거야" "올가는 아주 좋은 동료야"라고 말한다. 어떤 것에 대해 자신의 견해를 밝힐 때, 그 입장의 기반이 무엇인지 명확하지 않을 때가 많다. 그 판단은

삶을 바꾸는 질문의 기술

마침표일 뿐이다. 왜 거짓말을 하면 안 된다고 생각하는지, 왜 제시간에 오지 않는 사람을 무례하다고 생각하는지, 왜 올가가 훌륭한 동료인지 알지 못한다.

하지만 소크라테스의 문답식 대화를 하면 그 이유를 정확하게 알게 된다. 때로는 그동안 몰랐던 자기 안의 판단, 규범, 주장, 인생관도 발견하게 된다. 소크라테스의 문답식 대화는 일종의 '거꾸로 생각하는 것'이다. 누군가가 현실에 대해 진술한다고 하자. 계속해서 질문하고 그 진술의 배경을 살펴보면 그 진술에 대해 어떤 주장이 있는지 알 수 있다.

"올가는 매우 훌륭한 직원입니다."

"왜 훌륭한 직원입니까?"

"시간을 잘 지키기 때문입니다."

"시간을 잘 지키면 좋은 직원인가요?"

"네, 원칙적으로는 그렇죠. 올가는 시간을 잘 지키므로 훌륭한 직원입니다."

나는 교사와 학교 행정직원들과 함께 소크라테스의 문답식 대화를 진행한 적이 있다. 처음 질문은 "언제 비전이 방해를 받나요?"였다. 우리는 라라의 사례로 이야기를 진행했다. 라라가 일하는 학교는 예술 교육에 대한 매우 명확한 비전이 있었다. 학생의 자율성과 소유권이 보장된 과정 중심의 미술 교육을 하고 있었다. 교사는 교육 과정을 감독하는 역할만 했다. 최근 3학년 교사가 한 명 들어왔다. 그 교사는 면접에서 학교의 비전에 완전히 공감하며 개방적이고 배우는 것을 좋아한다고 말했다. 그러나 실제로는 정반대였다. 문제의 교사는 '오래된' 교수법과 수업 방식으로 일했고 학교의 비전에 동참하지 못했다. 라라는 새 선생님 때문에 학교의 비전이 방해받는다고 느꼈다.

대화에 참여한 사람들이 할 질문이 분명해졌다. "학교에 정말 비전이 있었나요?" "그 비전이 왜 방해받았나요?" "누가 그 비전을 가로막았나요?" "새로운 교사? 전체 팀? 아니면 그냥 라라?" 등의 질문을 했다. 그때 다른 교사가 대화를 막으면서 "그런데 비전의 의미를 먼저 정의해야 하지 않을까요? 완전히 다른 의미일 수도 있습니다!"라고 말했다.

이 말이 틀린 것은 아니다. '비전'의 정의에 따라 대화가 달라질 수 있다. 하지만 비전의 개념을 사례에 적용하면 학교의 비전이 무엇인지 자동으로 알게 된다. '개념 정의의 함정'에 빠지면 대화는 핵심에서 멀어지고 몇 시간 동안 비전에 대한 추상적인 말만 나누게 된다. 또는 다른 극단적인 예를 들게 되면 모두가 어느 정도 동의한 정의를 5분 안에 또 수정해야 하는 일이 생긴다. 그 정의가 새로운 예시에 적합하지 않았기 때문이다. 그래서 소크라테스의 문답식 대화는 개념 정의에서 시작하지 않는다. 소크라테스의 문답식 대화는 개념을 사례에 적용하고 사례에서 개념의 의미를 발견한다. 휴식 시간이 끝나고 소크라테스의 문답식 대화로 다시 돌아오면 매번 누군가는 자랑스럽게 빛나는 휴대전화를 손에 쥐고 말한다.

"질문에 대한 답을 알아냈어요! 사전에서 찾아봤어요. 사전에 정의, 용기, 도움, 자부심으로 정의했습니다……. 제가 찾은 정의가 오늘날의 표준입니다. 어떻게 생각하세요? 사전이 맞지 않나요? 거기에 나온 게 맞죠?"

중요한 것은 합의를 위해 노력하는 과정

질문하는 자세를 개발하고 싶다면 합의를 위해 노력하는 것이 가장 중요하다. 많은 사람들이 다른 사람에게 자신의 주장을 전달하고 관철하는 것이 대화라고 생각한다. 합의를 위해 노력하는 것이 대화라는 생각을 하지 못한다. 합의는 적당한 타협, 안전한 중간 지대를 찾는 것이 아니다. 우선 나와 상대가 의견이 다르다는 사실을 그저 기쁘게 받아들여보자.

그렇다면 상대가 나에게 동의하지 않는다는 그 사실 자체에 거부감이 줄어든다. 그러고 나서 합의를 위해 계속 뭔가를 찾아 나서야 한다. 다른 해석, 유사점과 차이점 등등을 계속 찾는다는 뜻이다.

또 합의를 위한 노력은 합의 도달과는 다르다. 소크라테스의 문답식 대화에서 합의 도달은 궁극적 목적이 아니며 중요한 것은 합의를 위해 노력하는 과정이다. 그 과정에서 계속 질문하는 힘, 노력하는 힘이 중요하다. 내가 무지하다는 생각으로 호기심을 유지하면서 계속 질문해야 한다.

동료인 미리암이 자신이 이끈 소크라테스의 문답식 대화에 대해 들려주었다. 한 아버지의 딸에 대한 이야기가 대화의 주제였다. 딸은 학자금 대출, 잘못된 남자들, 마약 중독 등에 휘말리며 모든 것이 엉망이었다. 아버지는 계속 돈을 주면서 딸을 도왔다. 처음에는 가끔이었지만 결국 매달 돈을 줘야 했다. 아버지는 자신의 이런 도움이 딸이 정상으로 돌아가는 데 도움이 되기를 바랐다. 그러나 그런 일은 생기지 않았다. 딸은 계속해서 마약을 사는 데 돈을 썼고 결국 아버지는 5년 만에 경제적 지원을 끊었다. 소크라테스의 문답식 대화를 이끌어내기 위해 "언제 도움을 중단해야 하는가?"라는 질문이 나

삶을 바꾸는 질문의 기술

왔다. 한 참가자는 아버지가 훨씬 더 빨리 지원을 끊어야 한다고 말했다. 또 다른 사람은 "그래도 자식이잖아요. 계속 도와주지 않으면 안 됩니다"라고 말했다. 미리암은 사람들이 대화를 통해 합의점을 찾았다고 말했다.

"정확하게 언제 지원을 끊어야 하는지는 합의하지 못했습니다. 대신 포괄적이지만 다른 형태의 합의점을 찾았습니다. 도와주는 게 아무 소용이 없을 때 지원을 끊어야 한다고 결론 내렸습니다."

이렇게 합의는 추상적일 수도 있다. 그런 다음에 "도와주는 게 아무 소용 없을 때란 언제일까요? 누가 그걸 결정하죠? 도움을 주는 사람인가요? 도움을 받는 사람인가요?" 등의 질문을 계속할 수 있다. 합의 과정에서 '지원을 끊어야 한다' '지원을 끊으면 안 된다'는 논쟁은 의미가 없어졌다. 이렇게 대화의 과정에 합의를 추구하다 보면 새로운 논쟁, 더 나은 논쟁으로 진입할 수 있다. 그러므로 대화를 멈추지 말고 계속 엔진을 작동시켜야 한다. 무엇보다 참가자들이 대화를 계속 하고 싶어 하도록 만들어야 한다. 합의를 위해 노력하지 않으면 대화는 곧 토론, 논쟁 혹은 느긋한 채팅으로 끝나버린다.

엘렝코스, 반박하기

소크라테스의 문답식 대화에서 중요한 부분 중 하나는 논박 혹은 수줍음, 수치심을 의미하는 '엘렝코스(Elenchus, 반박)'다. 이 개념은 '당혹' 또는 '생각의 수줍음'으로도 번역할 수 있다. 구체적으로 말하면 우리가 당연하다고 생각하던 뭔가에 대해 다른 사람이 반박할 수 있고 그래서 당혹스러워한다는 뜻이다. 우리는 모든 것을 확실히 알고 있다고 생각한다. 소크라테스는 이 생각에 의문을 던진다.

자신이 알고 있다는 것에 의심을 품고 실제로 모른다는 사실을 배워야 한다고 말한다. 그의 출발점은 '무지'에서 시작해서 '앎'이 되게 하는 것이었다. 무지를 깨닫는 것에서부터 문제의 실마리가 풀린다고 본 것이다. 우리 모두는 각자 행동을 결정하는 엄청난 양의 판단, 의견, 신념, 가치, 규범을 가지고 있지만 그것이 모두 일관된 것은 아니다. 실제로 어떤 규범이나 가치는 부모 혹은 사회로부터 자연스럽게 습득한 것이기도 하다. 이 중에는 잘못된 가치관, 모순도 분명 들어 있다. 소크라테스는 대화, 엘렝코스를 통해 상대방의 모순을 드러내 보이려고 시도했다. 사람들은 그에게 반박당한 후, 스스로를 수치스러워했다. 그러면서 그들은 끝까지 자신의 에너지를 방어하는 데 할애했다. 결국 아테네인들은 소크라테스를 고발했고 소크라테스는 재판에서 자신을 변호하며 다음과 같이 말했다.

델포이의 예언자는 저보다 통찰력이 더 뛰어난 사람은 없다고 말했습니다. 그 말을 들었을 때, 저는 신(아폴로)의 의도와 암시가 무엇인지 생각해봤습니다. 왜냐하면 저는 그 말을 전혀 이해하지 못했고 이해하지 못했다는 사실을 알기 때문입니다. 저보다 통찰력이 더 뛰어난 사람은 없다는 말은 무슨 의미일까요? 예언자는 거짓말을 하지 않을뿐더러 해서도 안 됩니다.

저는 오랫동안 델포이의 예언자가 어떤 의도로 그런 말을 했는지 알지 못했지만 일단은 조사를 시작했습니다. 먼저, 현명하다고 알려진 분을 찾아갔습니다. 그러면 신의 말을 반박할 수 있으리라 생각했으니까요. 제가 찾아간 현명하다고 알려진 사람은 자신이 저보다 더 많은 통찰력을 가졌다고 생각했습니다. 그래서 저는 그에 대해 조사했습니다. 그의 이름은 말할 필요가 없을 것 같고 그는 정치인입니다. 저는 그 사람과 함께 탐구를 진행했습니다. 그와 이야기를 나누던 저는 그가 자신을 현명하다고 생각한다는 사실을 알았습니다. 하지만 제가 볼 때는 아니었습니다. 저는 그가 스스로 현명하다고 생각한다는 사실을 밝혀내려 했지만 아쉽게도 그렇게 되지 않았습니다. 그래서 그는 이곳에 있는 많은 사람처럼 저를 미워하게 되었습니다.

어쨌든 저는 떠날 때 '그가 저보다 통찰력이 부족하다'고 생각했습니다. 우리 둘 다 지식이 부족했습니다. 하지만 그는 자신이 모르는 것을 안다고 생각했고 저는 제가 모른다는 사실을 알고 있었습니다. 알지 못한다는 사실을 알기에 저는 적어도 그 사람보다 조금 더 통찰력이 있는 것 같습니다.

_플라톤, 「소크라테스의 변명」

그 이후에도 소크라테스는 작가와 장인에게도 똑같은 조사를 했고 그의 경험은 항상 같았다. 그는 자신보다 더 많은 통찰력과 지식을 가진 사람을 찾아다녔고 질문을 통해 조사를 진행했다. 소크라테스의 대화 상대는 빠르게 수다만 떨었고 정의, 경건, 아름다움이 무엇인지 정확히 알지 못한다는 사실을 결국 인정해야 했다. 소크라테스는 대화 상대가 무지하다는 것을 반박을 통해 입증해냈다. 그의 대화 상대들은 자신의 무지를 인정하고 싶지 않았기 때문에 소크라테스를 미워했다. 소크라테스는 뭔가를 많이 알고 있고 자주 입에 오르내리는 사람들이 다른 주제에 대해서도 많이 알고 있다고 착각한다는 결론을 내렸다.

> 모두가 똑같은 실수를 저질렀습니다. 그들은 자신의 직업에 대해 잘
> 알고 있다는 사실 때문에 다른 중요한 것들에 대해서도 잘 이해한다
> 고 주장했습니다. 그리고 이러한 착각은 그들의 지식을 그림자로 덮어
> 버렸습니다. 저는 저 자신에게 물었습니다. "나는 무엇을 선택해야 할
> 까? 그들의 지혜와 무지 중 그 어느 것도 가지지 않은 현재의 모습으
> 로 계속 살아가야 할까? 아니면 그 둘 다를 가진 모습으로 살아가야
> 할까?"를 놓고 신탁을 청했습니다. 신탁의 대답은 현재의 제 모습으로
> 계속 살아가는 쪽이 낫다는 것이었습니다.
>
> _플라톤, 『소크라테스의 변명』

대화에서 엘렝코스가 무엇인지 아는 것은 중요하다. 왜냐
하면 당신이 질문하는 자세를 발전시키고 명백한 사실을 질
문할 때마다 상대의 이야기에서 모순을 발견할 수 있기 때문
이다. 너무 뻔한 사실에 의문을 제기하고 질문하면 상대방은
당신을 이상하게 볼 수도 있다. 앞에서 이야기했지만 신념은
정체성과 연결되어 있다. 만약 신념과 정체성이 위협받으면
친구를 사귈 수 없고 무지에 대한 수치심에 휩싸일 수도 있으

며 대화 상대가 매우 불편해할 가능성이 크다. 하지만 사고가 성장하려면 약간의 고통이 필요하다. 새롭고 유익하며 흥미로운 사고를 위해서도 마찬가지다.

나 역시 소크라테스의 문답식 대화를 시도했을 때 상대가 고통스러워하는 모습을 본다. 대놓고 불편하다고 말하는 사람들도 있다. "젠장, 당신이 자꾸 더 복잡하게 만들잖아요! 이미 알고 있잖아요! 뻔하잖아요! 그냥 단어일 뿐이잖아요. 알잖아요!"라고 불평한다. 이제 나는 이러한 말들을 하는 순간이 중요하다는 사실을 알고 있다. 사람들이 내뱉는 이런 말은 엘렝코스가 문을 두드렸다는 신호이기 때문이다.

아포리아, 나는 아무것도 모른다

소크라테스의 문답식 대화는 종종 '모르겠다'라는 전반적 의미인 '아포리아(aporie)'로 끝난다. 질문은 여전히 질문으로 머물고 만족스런 답변은 하나도 없기 때문이다. 함께 생각해낸 아이디어와 생각은 수없이 많지만 대화를 끝낼 정도로 결정적이지는 않다. 소크라테스의 문답식 대화의 목표는 답을 찾는 게 아니다. 대화에서 찾은 모든 '답변'에 대해 계속 질문하는 것이다. 더 많은 질문을 해야만 생각이 계속 움직인다. 실제로는 너무 조금 알고 있다는 사실을 깨달아야 무한한 자유가 주어진다. 계속 호기심을 가지고 생각하며 명백한 것을 포함하여 모든 것에 의문을 품어야 한다. 그러면 자동으로 모든 것을 느끼는 지점에 도달하게 된다. 나는 정말로 답을 모른다. 이 사실을 모르는 무지가 더 강한 무지다. 소크라테스의 문답식 대화를 하다 보면 결국 당신은 문제의 모든 면을 보고 질문하고 탐색하게 된다. 그리고 대화의 끝인 아포리아가 자유를 가져다준다.

술집, 거리, 직장에서 친구와 가족, 낯선 사람에게 물어보자. 우리는 아포리아를 만날 수 있다. 함께 뭔가를 탐구하는 도중에 누군가 손을 들고 한숨을 쉬면서 "정말로 모르겠어요! 온갖 이야기를 다 들었고 다 살펴봤어요. 그런데 정말 모르겠어요!"라고 말한다. 이게 잘못된 것은 아니다. 더 나아가서 이 말은 당신이 모른다는 사실을 직시하게 한다. 또한 무지하다는 인식은 질문하는 자세를 발전시키는 핵심 요소다.

"모르겠어요"라는 아포리아를 깨닫는 순간 귀중한 뭔가를 얻을 수 있다. 그것은 바로 질문하기다. 하름 판 더르 하흐는 자신의 저서 『모르는 사람도 그것을 말할 수 있다』에서 '당신이 뭔가를 모른다는 사실을 깨달을 때, 당신에게는 두 가지

선택지가 있습니다. 뭔가를 말하거나 아니면 질문하세요'라
고 했다.

- 아직 아무도 해답을 제시하지 못한 흥미로운 질문으로 대화를 시작해라. 예를 들어 "친구에게 거짓말을 한 적이 있나요? 그래도 된다고 생각했나요? 왜 그때 거짓말을 해도 될까요? 같은 상황이라면 항상 거짓말을 해도 되나요?"와 같은 질문을 할 수 있다

- 당신의 주장을 관철하려 하기보다 새로운 통찰력을 얻으려 노력하라. '한동안 생각하지 않기'로 하고 다른 사람의 비전만 들어도 좋다.

- 상대방의 관점을 진심으로 듣고 자신의 관점을 짧고 명확하게 말해라.

- 그런 다음 함께 합의점을 계속 찾아라. 비전이 겹치는 곳은 어디인가? 비전이 어디에서 다른가? 이러한 차이를 연결할 수 있을까?

- 설득하지 마라. 합의를 위한 노력은 설득이 아니다. 설득은 함께 생각하는 것이 아니고 자기 의견의 방어일 뿐이다.

- 합의 추구 대신 자신의 의견을 옹호한 이유는 무엇인가? 그게 당신에게 무엇을 가져다줬는가? 다음에는 그것을 어떻게 예방할 수 있을까?

아래 질문을 처음 질문으로 사용할 수 있다.
- 친구에게 거짓말을 해도 될까?
- 항상 정직해야 할까?
- 절도는 나쁜 것일까?
- 언제 상대방의 견제를 존중할 필요가 없을까?

엘렝코스 연습하기

- 당신이 자꾸 더 복잡하게 만들잖아요!
- 뻔하잖아요!
- 네, 그저 그래요!

이런 말을 들어도 꿋꿋하게 대화를 계속해라. 그래야 좋은 대화가 열린다. 그 순간에 해야 할 일은 소크라테스의 문답식 대화에 기대어 계속 질문하는 것이다.

- 뭐가 복잡하게 만드는데요?
- 왜 뻔한데요?
- 왜 그저 그런데요?

상대방이 당신과 함께 철학적 탐구를 하기로 허용했다면 상대에게 다시 물어봐라.

- "계속할까요? 아니면 멈출까요?"

아포리아 찾아보기

- 자신이 확신하는 것에 대해 자문해보자.
- 상대에게 질문하면서 당신의 말을 비판적으로 바라보자.
- 모든 것이 순조롭게 진행된다면 어느 시점에 "에구, 정말 모르겠네!"라고 말해보자.
- 아포리아가 어떤 것인지 느껴보자. 모른다는 사실이 긴장감을 줄 수도 있지만 자유를 줄 수도 있다.

- "모르겠어요"를 뒤집어보자. 모른다는 사실을 포용하고 참아내자.
  이제 어떤 질문이 떠오르는가?

소크라테스의 문답식 대화에 필요한 자세와 원칙을 알았으니 이제 훌륭하고 날카로운 질문을 훈련할 준비가 잘되었다. 엘렝코스와 아포리아 무엇인지, 어떻게 반응해야 하는지 알았으니 더 재미있고 흥미롭게, 더 도전적으로 질문하고 대화할 수 있다.

소크라테스의 문답식 대화를 위해서는 용기와 놀라움이 필요하고 무지를 뒤집어볼 수 있어야 한다. 공감 제로 상태를 연습하고 소크라테스식 반사를 훈련해야 한다. 소크라테스의 문답식 대화를 시작하면 마주칠 수 있는 일들, 즉 엘렝코스, 아포리아, 짜증을 참아야 한다. 소크라테스의 문답식 대화는 철학적 질문과 구체적인 예에서 시작하고 합의를 추구하는 과정이 중요하다.

다음 장에서는 소크라테스의 문답식 대화를 위해 어떤 환경을 조성해야 하는지, 질문하기 전에 고려할 사항은 무엇인지 등을 살펴보겠다.

3장

좋은 질문의 조건

"대화에는
시간, 관심, 절제가
필요하다"

> 네 철학을 설명하지 마라.
> 누구에게나 철학은 있다.
>
> _ 에픽테토스

당신은 문답식 대화를 즐기는 소크라테스형이고 호기심 많은 사람이다. 대화에서 무엇이 필요하고 어떻게 다뤄야 할지 알고 있다. 당신은 대화의 기본을 갖추고 있다. 기초가 탄탄하므로 사람들은 당신을 우러러보지만 당신은 판단과 공감을 미룬다. 이제 어떻게 해야 할까? 좋은 질문을 하려면 어떤 기술이 필요할까?

상대방의 입장에서 듣는다

잘 들으려면 의지가 있어야 한다

좋은 질문은 다른 사람에 대한 것이어야 한다. 다른 사람의 경험과 이야기에 대해 질문해야 하며 나의 경험, 의견을 은밀하게 내어놓아서는 안 된다. 우리는 의도치 않게 자신의 이야기를 흘린다. 이는 이야기를 듣는 능력과 관련이 있다. 우리는 모두 형편없는 청취자다. 다른 사람이 말할 때 절반만 듣는다. 상대의 말을 들으면서 자신이 할 말만 생각하고 상대의 이야기 끝에 곧바로 무슨 이야기를 할지, 어떤 행동을 할지 생각한다. 남의 말을 제대로 듣지 않기 때문에 자기 이야기가 저절로 나온다. 다른 사람에 대한 질문을 하고 싶다면 정말 잘 들어야 한다.

잘 듣고 집중해서 듣는 일은 쉽지 않다. 다른 사람의 말에 보충 설명을 달거나 가정 또는 의견을 내지 않은 채 듣기만 하는 것은 상당한 연습이 필요하다. 내 이야기를 끼워 넣지 않고 계속 들을 수 있다면 상대의 이야기에 훨씬 더 집중할 수 있다. 그리고 상대가 무엇을 설명하려 하는지 잘 알 수 있기 때문에 구체적인 질문이 저절로 이어질 수 있다.

　다른 사람의 이야기를 잘 들으려면 듣고자 하는 의지가 있어야 한다. 의지에는 크게 세 가지가 있다.

　첫째, 1인칭인 나의 의지다. 나는 이를 '내 생각 주입식 듣기'라고 부른다. 이런 자세로 다른 사람의 이야기를 들으면 내 생각에 몰두할 수 있다. 내가 무엇을 하는지, 무슨 생각을 하는지, 무엇을 느끼는지, 무슨 말을 하려고 하는지 알게 된다. 예를 들어 '여기에 대해 난 어떻게 생각하고 있지?' '이걸 어떻게 해야 하지?' '이제 무슨 말을 하지?' 등으로 다른 사람의 감정이나 생각, 경험은 거의 안중에 없다. 이러한 '내 생각 주입식 듣기'로 상대의 이야기를 들으면 상대의 이야기를 정정하려 하거나 도와주고 싶어 하며 반사적으로 조언을 하려고 한다. 그리고 내 이야기도 쉽게 꺼내게 된다. 이러한 의지에서 나오는 질문은 분명히 암시적이고 판단을 담고 있거나 상대방을 조정하려는 의도를 품고 있다. 즉, "폴이 옳은 거 같지 않아? 텍셀섬보다는 테르스헬링섬으로 가는 게 더 즐겁지 않을까?"와 같은 질문은 나의 생각을 보여준다. 이런 질문은 나에 대한 질문이지 상대방에 대한 질문이 아니다.

　둘째, 2인칭인 대화 상대의 의지다. 나는 이것을 '상대의 생각대로 듣기'라고 부른다. 이런 자세로 들으면 호기심을 유지한 채 문답 형식을 취하며 듣게 된다. 다른 사람의 경험이 반드시 내 것과 같을 필요는 없다. '저 말이 무슨 의지지?' '이 사람 생각은 뭐지?' '이 사람은 어떤 느낌을 받은 거지?'와 같은 생각을 하면서 상대방의 이야기를 듣는다. 최대한 상대의 생각 속에 빠져들며 그 사람의 이야기와 논리를 이해하면서 질문해본다.

이때 상대방을 다그치지 말고 조언도 하지 않는다. '다르게 생각하면 좋을 텐데' '나라면 어떻게 생각했을까?' '나라면 어떻게 했을까?'와 같은 생각은 지워버린다. 이런 자세로 이야기를 들으면 깊이 생각한 질문을 상대방에게 던질 수 있다. 상대방에게 더 많은 정보를 요구하는 질문을 던진다.

셋째, 1인칭 복수형인 우리의 의지다. 나는 이것을 '우리 입장에서 듣기'라고 부른다. 이것은 일종의 초월적인 자세다. 즉, 질문이 공중에서 떠돈다. 우리 자신과 대화 상대를 일정한 거리를 두고 관찰한다. 자신의 느낌과 대화 상대의 반응을 기록한다. 이러한 자세에서는 모든 문장이 '그런데?'로 시작하고 대화 상대가 우리 질문에 계속 답을 못해도 이야기는 계속 흘러간다.

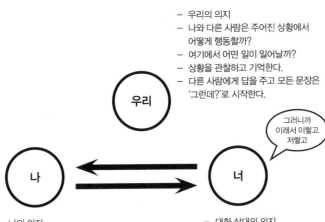

- 우리의 의지
- 나와 다른 사람은 주어진 상황에서 어떻게 행동할까?
- 여기에서 어떤 일이 일어날까?
- 상황을 관찰하고 기억한다.
- 다른 사람에게 답을 주고 모든 문장은 '그런데?'로 시작한다.

우리

그러니까 이래서 이렇고 저렇고

나

너

- 나의 의지
- 나는 어떻게 생각하지?
- 자신의 계획, 확신, 의견을 말하고 조언을 한다.
- 질문은 암시적이고 미사여구로 포장되어 있으며 가정법을 사용한다.

- 대화 상대의 의지
- 저 말이 무슨 의미지?
- 상대방의 말을 잘 듣고 나의 이야기를 하지 않는다.
- 상대방을 이해하기 위해 질문하며 호기심을 유지한다.

세 가지 듣기 자세의 예

친구와 대화를 한다고 가정해보자. 그 친구가 이렇게 말한다.

"회사에서 뭘 해야 할지 모르겠어. 의욕도 없고 회사까지 너무 멀기도 하고……. 애들도 제대로 돌보기 힘들고. 그만둘까 하는 생각도 들어. 그런데 용기가 없어. 월급이 괜찮거든. 부서 분위기도 괜찮거든. 어떻게 하지?"

첫째 '나의 의지'를 중심에 두고 들으면 우리는 이렇게 생각할 것이다.

'아니지. 그러면 안 되지! 지금 회사 너무 좋잖아. 나도 거기서 일하고 싶은데. 괜찮은 월급에 좋은 부서, 회사까지 차로 30분 거리. 내가 다니는 회사는 더 멀고 월급도 적다고!'

'그래, 당장 그만둬! 아이들이 너무 어리잖아. 지금은 아이들한테 중요한 시기니까. 나도 회사 옮기고 나서 애들 교육에 더 집중할 수 있었어.'

그리고 이런 생각을 말로 이렇게 표현할 것이다.

"다시 한번 생각해봐. 그 회사 그래도 괜찮은 데잖아. 왜 포기하려고 해?"

"안 돼! 지금 얼마나 좋은 곳에 있는지 몰라서 그래!"

"정말? 그만둔다고? 잘하고 있잖아?"

"그래. 무슨 말인지 알겠다. 애들하고 가정도 중요하지. 애들한테 충분히 시간을 쓰면서도 할 수 있는 멋진 일이 있을 거야."

'나'를 중심에 두면 자신의 시각과 생각, 두려움을 표현할 뿐 대화 상대의 성격, 특징, 소원, 바람에 대한 내용은 없다.

둘째 '대화 상대의 의지'를 중심에 두면 '저 말이 무슨 의미지?' '이건 어때? 어떻게 생각해?' '느낌이 어때?' '언제 그런 생각이 들어?' '배우자는 게 무슨 의미야?' 같은 생각을 할 것이다. 그리고 이런 생각을 이런 말들로 표현할 것이다.

"그 말이 무슨 의미야?"

"회사에서 뭘 해야 할지 모르겠다는 게 어떤 뜻이야?"

"언제 그런 생각이 들었어?"

"의욕이 떨어진 이유가 뭘까?"

'대화 상대'를 중심에 두면 상대방의 말을 가로채지 않으며 조언을 하거나 감정을 더하지도 빼지도 않는다. 상대방이 겪고 있는 상황을 있는 그대로 깊이 들여다본다. 이를 위해서는 자제심이 있어야 하며 자신의 이야기와 시각, 충고 등을 단호히 버릴 수 있는 의지도 있어야 한다.

셋째 '우리의 의지'를 중심에 두면 대화 상대의 기분이 어떤지, 상대와의 상호 작용은 어떤지, 상대가 무엇을 말없이 보여주는지를 기록한다. 예를 들면 대화 상대가 '그래, 그런데'로 말을 시작할 때마다 기록해본다. 그런 다음 이렇게 말할 수 있다.

"회사에 대해 이야기할 때는 얼굴에 긴장을 좀 풀어봐. 너 자신을 다정한 눈으로 좀 바라봐."

"그만둔다고 말할 때면 팔짱을 끼고 먼 곳을 보더라."

"오늘 유달리 '그래, 그런데'라는 말을 많이 쓰던데 이유가 있어?"

좋은 질문을 하려면 세 가지의 의지 중에서 '2인칭인 대화 상대의 의지'를 기준으로 들어야 한다. '저 말이 무슨 의미지?'라는 생각을 하면서 듣는 훈련을 해야 한다. 인간은 습관적으로 '나'를 중심에 두고 들으려 하고 뭔가를 해결하려고 든다. '상대방의 입장에서 듣는 것은 결코 쉽지 않다. 하지만 해보면 그렇지 않다. 훨씬 안정적이다. 나의 생각이나 의견 없이 오직 상대방의 '순수한' 이야기에 집중하며 듣기만 하면 된다. 머리는 더 차분해진다. 그래서 몇몇 수강생은 이렇게 듣는 방법을 '마음챙김'과 비슷하다고 말하기도 한다.

실전 연습

듣는 자세를 바꾸자

- 누군가 자기 경험을 이야기할 때, 의도적으로 '나의 의지'를 중심에 두고 들어보자.
- '나는 지금 어떻게 생각하지?'라고 하면서 상대의 말을 들어보자.

- 당신의 생각을 기록하고 무엇을 할지와 다른 사람의 반응도 기록하자.
- 그다음으로는 '저 말이 무슨 의미지?'라고 생각하면서 듣는 자세를 바꿔보자.
- 당신의 판단과 의견은 지워버리자.
- 이렇게 하면 무슨 생각이 드는가? 나와 상대의 상호 작용은 어떻게 변했는가?

조건 2

내 감정은 내려놓고 상대방의 말과 몸짓에 집중한다

무심코 쓰는 접속사에 담긴 속마음

생각은 영상, 소리, 단어, 감정으로 나타낼 수 있다. 자신의 생각을 다른 사람에게 전달하고 싶을 때 우리는 일반적으로 구어체를 사용한다. 구어는 우리의 생각과 말의 운반 수단이다. 그래서 질문도 운반한다. 그런데 주의 없이 구어를 너무 자주 사용한다. "에이, 그게 어때서?" "그 시시한 단어나 다른 단어나 뭐. 그게 그거지. 거의 비슷해"라고 말하겠지만 자칫 잘못하면 실수하게 된다.

언어를 단순하고 확실하게 사용해야 대화가 분명해지고 더 나은 질문도 할 수 있다. 우리는 다른 사람이 문자 그대로 말하는 것에 민감하다. 사람들이 사용한 단어는 그냥 선택된 게 아니라고 생각한다. 비슷하지만 약간 다른 의미의 단어 대신 특정 단어를 선택한 데는 의미가 있다고 여긴다. 언어에 민감하여 말로 표현하지 않았지만 그 속에 감춰진 것을 찾아낸다. 그리고 이는 좋은 질문의 원천이 될 수 있다.

얼마 전에 '일상 속의 철학'을 주제로 강좌를 연 적이 있다. 참가자들에게 수강 목적을 적게 했더니, 질문 형태로 적은 사람들이 있었다. "좀 더 체계적으로 생각하는 방법은 무엇일까?" "어떻게 해야 다른 사람과 대화를 깊이 있게 이끌 수 있을까?"라는 식으로 적었다. 그중 한 수강생은 "요점을 어디에서 찾을 수 있을까?"라고 적었다. 이 수강생은 '어떻게'라고 질문하지 않고 '어디에서'라고 질문했다. 그 사람의 흥미로운 이면이 엿보이는 질문으로 요점이 자기 밖에 있다는 사실을 분명히 보여준다. 언어를 통해 자신의 생각이 무의식적으로 자유롭게 흘러나온 것이다.

삶을 바꾸는 질문의 기술

강의를 하면서 몇 가지 단어가 우리의 시선을 돌리는 것을 발견했다. 대표적인 게 '그러나'와 '그런데'였다. "그것에 대해 이미 피터와 이야기했습니까?"와 "그러나 그것에 대해 피터와 이미 이야기했다고요?"는 근본적으로 다르다. "피터와 그것에 대해 이야기했습니까?"와 "그런데 피터와 그것에 대해 이야기했습니까?"도 많이 다르다. 또 다른 예로 내가 "피터와 그것에 대해 아직도 이야기 안 했습니까?"라고 질문한다면, 듣는 사람은 자신이 피터와 이야기해야 했다고 내가 생각한다고 여길 것이다.

우리는 '그런데' '그러나' '여태' '아직도' 같은 단어를 통해 무의식적으로 자신의 의도를 드러낸다. 혹은 의도적이었든 아니었든 다른 사람의 말속에 숨은 속뜻이 있다는 것도 알게 된다.

거리를 두고 듣기

상대의 말에 관심을 유지하려면 피상적으로 들어야 한다. 감정 이입을 하면 안 된다. 오직 피상적으로, 문답식으로 들어야 한다. 상대가 사용하는 언어를 들어도 그 의미에 관심을 두지 않아야 한다.

가장 먼저 어떤 형태로 말하는지 인식해야 한다. 말의 내용을 듣지 말고 언어의 형태를 들어보자. 질문하는지, 주장하는지, 무언가를 설명하는지, 자신의 발언을 방어하는지 살펴보자. 말을 하면서 어떤 개념을 강조하는지, 반대 주장을 하는지, 논점에 오류는 없는지 잘 들어야 한다. 다른 사람의 이야기를 들을 때, 우리는 보통 상상을 펼치며 듣고 자신을 다른 사람의 입장에 놓고 생각해본다. 세세한 부분은 스스로 채우고 무의식적으로 문장을 보충하면서 전체 이야기를 완성한다. 하지만 피상적으로 들으면 이야기의 형태만 듣고 내용은 듣지 않게 된다. 상상하지 않고 상대에게 관심을 유지한 채 상대가 말하는 것만 문자 그대로 듣게 된다.

이를 '적극적인 마음챙김'이라고 부른다. 상대의 언어에만 온전히 관심을 쏟을 수 있어서 오히려 에너지 소모가 덜하다. 자신의 말을 끼워 넣지 않고 완성하지 않으며 보태지도 않는다. 약간 모자란 사람처럼 행동하며 모든 것을 당연하게 여기지도 않는다. 그리고 이해하지 못하는 것처럼 행동하며 말의 숨은 의미를 찾으려고 한다.

몸짓 언어

의사소통에서 몸짓 언어도 중요하지 않을까? 당연히 그렇다. 다른 사람의 이야기를 듣고 질문할수록 질문에 대한 감수성도 발전한다. 이때 몸짓 언어도 중요한 역할을 한다. 우리는 몸짓으로 거짓말을 하거나 이야기를 더욱 풍부하게 만들며 말을 할 수 없는 상황에서는 의미를 전달하기도 한다. 몸짓 언어를 훈련하려면 '우리의 의지'를 중심에 두고 듣는 연습을 해야 한다. 왜냐하면 상대방의 몸짓과 표정 등이 그 사람이 하는 말과 일치하는지를 객관적으로 관찰하고 기록할 수 있기 때문이다.

언젠가 파울라라는 여성과 대화를 나눈 적이 있다. 그녀는 남자 친구와 동거를 할지 말지 고민하고 있었다. 나는 동거하지 않으려는 논리적 근거가 있는지 물었다. 파울라는 주저하지 않고 몇 가지 주장을 펼쳤다. 혼자만의 생활을 포기해야 하고 파트너에 맞춰야 하는 게 부담스럽다고 했다. 또한 자신이 과연 동거 생활을 잘해낼지, 자신이 정말 원하는지 모르겠다고 했다. 이야기할수록 파울라의 얼굴이 편안해졌다. 가능한 한 분명하고 논리적으로 말하려고 최선을 다했고 그녀의 말은 마치 음악처럼 들렸다.

이번에는 동거하려는 논리적 근거를 물었다. 잠시 침묵이 흐르더니 이내 얼굴을 찡그리며 깊은 한숨을 토해냈다. 말이 없던 5초 동안 그녀가 무슨 생각을 하는지가 보였다. 파울라 자신은 인식하지 못했지만 그녀가 동거를 어떻게 생각하는지가 제삼자의 눈에는 잘 보였다. 나는 다시 잠시 침묵한 이유를 물었다. 내가 충분히 이해할 만한 대답이 돌아왔다. 물론 그 답은 처음에 '감정 수준'에 머물러 있었다. 하지만 질문을 계속할수록 구체적인 답이 돌아왔고 우리의 대화도 더욱 깊어졌다.

"제가 그런지 전혀 몰랐어요."

내가 침묵한 이유를 물었을 때 파울라가 보인 첫 반응이었다.

"인상을 쓰고 한숨을 쉰 그 순간에 무슨 생각을 했어요?"

"생각은 별로 없었어요. 주로 스트레스를 받았죠. 밤에 혼자 소파에 조용히 앉아 있는 모습과 에릭이 집에 와서 직장에서 받은 스트레스에 대해 이야기하는 모습이 떠올랐어요. 그게 떠오르는 순간 너무 피곤해졌어요."

"동거하려는 논리적 근거가 있어요?"

다시 잠시 조용해졌다. 파울라는 입술을 깨물었다. 그러다가 조금 전에 얼굴과 몸의 반응을 이야기한 것이 떠올랐는지 웃음을 터트렸다.

"입술을 깨물었네요! 이제 그 이유를 질문할 거죠? 제가 동거하려는 논리적 근거를 댈 수 없다는 뜻이에요. 동거하려는 이유를 좀 더 생각해봐야겠다는 의미이기도 하고요. 아무래도 아직은 동거할 때가 아닌 거 같아요."

한숨, 침묵, 불편한 자세로 앉기, 입술 깨물기, 눈감기, 인상 쓰기……. 이 모든 몸짓 언어에 답이 들어 있다. 우리의 몸은 핵심을 찌르는 질문에 더 빠르고 솔직하게 본능적으로 반응하기 때문에 상대방의 의중을 파악하는 데 유용한 수단이다.

실전 연습

추상적으로 듣기

- 상대방의 언어에 집중하면서 이야기를 들어라.

- 의미가 아닌 들리는 말에만 관심을 가져라.

- 상반되는 단어를 사용했는가? 어떤 단어를 말할 때 머뭇거렸는가? '그러나' '아니' '또한' 같은 단어를 사용했는가?

- 다른 사람의 말을 이해하려 하지 마라.

- 상대방의 이야기 중에 특이한 점이 있는가?

동의도 반대도 하지 않기

- 자신의 생각은 접고 상대방의 이야기만 듣자.

- 사람들이 모순되는 말을 하는지, 주장에 잘못과 오류는 없는지 체크해보자.

- 이야기 내용이나 그 내용에 동의하는지는 생각하지 말자.

- 대화가 끝나면 당신의 의견을 밝힐 수 있는 기회가 분명히 있다. 기다리자. 다른 사람의 생각에서 훨씬 값진 것을 발견할 수 있다.

- 이 방법을 완전히 숙지한다면 대화가 끝나도 당신의 의견을 밝힐 필요가 없어질 것이다.

몸짓 언어에 민감해지기

감정 이입을 하지 않고 거리를 둔 채 이야기를 들으면 상대방의 몸짓을 관찰할 여유가 생긴다. 다음 질문의 몸짓 언어를 직접 표현해보자. 이런 몸짓을 하는 상대방은 어떤 기분일까?

- 손으로 뭘 표현하는 거지?

- 한숨을 쉬거나 기대려고 하는 건가?

- 호흡이 편안해 보이는가?

- 말을 하지 않고 뭘 하고 있지?

질문하기 전에 허락을 구해라

인정머리 없는 질문을 남발한 대가

수년 전, 나는 질문 능력을 배우기 위해 강의도 듣고 훈련 및 워크숍 등에도 참여했다. 그때 강사 미리암 판 레이언은 이렇게 말했다.

"우리가 오늘 배운 건 집에서 하지 마세요. 여기 있는 사람들은 왜 끊임없이 질문하는지 그 의도를 알고 있지만 다른 사람들은 그렇지 않습니다."

미리암의 말이 옳았다. 하지만 고집 세고 열의에 차 있던 나는 미리암의 충고를 무시해버렸다. 그때 나는 정말 질문을 통해 똑똑해지고 싶다는 생각에 푹 빠져 있었다. 모든 사람에게서 질문의 즐거움을 얻고 싶었다. 나의 질문이 세상을 더 좋게 바꿀 것이며 다른 이들도 동의할 거라고 생각했다. 나는 운동화를 신은 진짜 소크라테스가 되어 마구잡이식으로 누구에게나 질문을 던졌다. 가족들과 저녁 식사를 하면서 각자의 생각을 묻고 반대되는 질문을 던지면서 사람들을 긴장시켰다. 사람들은 애인과의 말다툼, 직장 스트레스 등에 대해 힘들게 말했을 텐데 나는 전혀 공감해주지 않고 인정머리 없는 질문만 던졌다.

나는 배운 내용을 다른 사람들에게 강요했던 것이다. 얼마 지나지 않아 친구들이 떨어져나갔고 나는 질문으로 좋은 세상을 만들겠다던 환상에서 깨어났다. 아무도 곁에 없는 상태에서 고양이 올레와 쓸쓸히 양로원에서 생을 마감하고 싶지는 않았다. 나는 광적으로 하던 질문을 좀 줄였다.

소크라테스는 대화를 시작하기 전에 항상 함께 탐구할 의향이 있는지를 분명하게 물었다. 즉, 질문해도 되는지 물어본 것이다. 정확하게 질문하면서 깊이 있는 대화를 하려면 상대방도 대화에 책임감을 느껴야 한다. 이를 위해서 대화할 준비가 되었는지 점검하고 동의를 얻어야 한다. 그렇지 않으면 대화는 경찰 심문처럼 변질될 수 있다.

"제가 ○○에 대해 질문해도 될까요?"

"같이 연구해볼까요?"

"그 생각을 모든 관점에서 바라보는 건 어떨까요?"

대화 상대는 이런 질문을 통해 자신이 무슨 질문을 받을지 대충 (주로 비판적인 질문) 예상하게 되며 질문 공세를 수용할지 말지는 본인의 결정에 달렸다는 사실을 깨닫게 된다.

대화 상대의 동의는 매우 중요하다. 질문자가 아무리 원해도 대화 상대의 동의가 없으면 그 대화는 무의미하며 대화를 시도하기도 전에 반발에 부딪히게 된다. 또한 질문하면서 대화하다 보면 진행이 어려워지거나 지나치게 논쟁적인 분위기가 될 때도 있다. 그러면 질문자는 대화 상대의 처음 동의가 아직 유효한지 묻고 대화를 계속할지 멈출지 결정할 수 있다. 대화 상대는 언제든지 대화를 자르거나 중단할 수 있다. 질문자는 "계속하기를 원하세요?"라고 질문할 수 있다.

철학적 탐구를 위해 동의 구하기

누군가와 흥미로운 이야기를 좀 더 하고 싶은가? 이렇게 질문하자.

- 우리 이 문제에 대해 좀 더 깊이 탐구해볼까요?

- 당신과 함께 철학적으로 탐구해보고 싶은데, 어때세요?

실제로 함께 대화를 계속할지 말지는 중요하지 않다. 중요한 것은 심층 대화를 나누기 전에 동의를 얻어야 하고 그때 사용할 질문을 스스로 연습하는 것이다.

조건 4

질문하기 전 20초 동안 침묵해본다

답이 안 나올 때는 시간을 두어라

정말 좋은 질문을 하고 답을 찾으려면 시간이 필요하다. 대화에는 시간, 관심, 절제가 필요하다. 어려운 퍼즐을 풀고 서예를 하고 왼손으로 실을 바늘귀에 끼우는 것처럼 관심과 집중이 필요하다. 하지만 사람들은 참고 기다리지 못한다. 다른 사람의 이야기를 듣고 그 내용이 구체적으로 무엇이며 무엇을 암시하고 있는지 알려면 지금과 같은 대화 속도로는 안 된다. 천천히 생각하고 말하는 훈련이 필요하다.

언젠가 카우보이 복장을 한 사람의 강연에 참석한 적이 있다. 트레일러 선적 전문가였는데 말을 자동차 뒤에 달린 트레일러에 싣고 이동한다고 했다. 말이 트레일러로 이동한다니! 물고기가 하늘을 나는 것처럼 부자연스러운 일이다. 말은 야생에서 생활하기 때문에 폐소공포증이 있고 트레일러에 들어가려고 하지 않을 것이다. 말을 옮겨야 하는 사람은 시간이 없으니 밧줄에 묶어서 말을 밀어 넣으려고 하고 말은 뒷발로 서거나 뒷걸음질치면서 버틴다. 만만찮은 작업이다. 만약 시간 여유가 있다면 '아, 말이 혼자 올라가는지 한번 볼까?' 하면서 기다릴 수 있다. 억지로 밀지 않으면 오히려 말이 스스로 트레일러에 올라탈 수도 있다. 그러면 시간이 훨씬 절약될 것이다. 카우보이 복장의 강연자는 "천천히 여유를 갖고 하세요. 그러면 시간이 덜 걸립니다"라고 말했다.

이 말은 대화에도 해당한다. 속도를 내다 보면 오히려 대화가 지연된다. 시간 여유를 두는 대화는 목표를 더욱 분명하게 해주며 길게 봤을 때 대화의 질을 끌어올려준다.

- 한 사람은 흥미롭고 자극적인 질문을 하고 상대는 대답한다. 다시 질문하고 대답한다.

- 질문하기 전이나 대답하기 전 20초 동안 말을 하지 말아야 한다.

- 20초 동안 다른 사람의 말이나 질문을 곱씹어 생각해보자. 질문이나 아이디어를 계속 생각하자. 또한 무엇을 생각하는지 관찰해보자.

- 20초가 지난 후 편안하게 다음 대답이나 질문을 한다.

- 10분 후 역할을 바꿔서 다시 해본다.

- 이렇게 천천히 대화를 했을 때 어떤 효과가 있는지 잠시 토론해본다.

아래와 같은 흥미로운 대화 주제를 참고해도 좋다.

- 돈 문제만 없다면 내일 당장 어떤 일을 하고 싶은가?

- 살인은 나쁜 일일까?

- 세상에 불평하면 안 되는 일이 있을까?

- 무시해도 되는 사람이 있는가?

조건 5

짜증을 짜증으로 받지 마라

짜증은 자기 생각에 갇혀 있다는 표시

비판적인 질문에 빈약한 주장과 견해로 답하는 대화가 천천히 반복되다 보면 두 사람 모두 짜증이 나게 마련이다. 특히 상대방은 자신이 집중 공격을 받는다고 느끼며 대화 속도가 느릴 때는 마음조차 급해져서 더 짜증이 날 수 있다. 하지만 이 또한 좋은 질문을 하고 대화를 이어가는 과정일 뿐이다. 이러한 대화 훈련은 헬스클럽에서 근육을 단련하듯이 생각의 근육을 만드는 과정이다. 운동 후에 근육통이 생기지만 곧 근육이 단단해진다. 운동이 힘들 때는 트레이너에게 불평한다. 하지만 견뎌야 한다. 트레이너가 근육통이나 운동이 힘들다는 불평을 개인적인 감정으로 받아들이지 않듯이 대화에서도 짜증을 내는 상대방을 받아들여야 한다.

짜증 자체는 탐구 과정에서 꼭 필요한 재료다. 짜증을 내는 이유는 질문에 상처를 받았지만 강력하게 자신의 주장을 할 수 없기 때문이다. 자신의 관점을 바꿀 수 없기 때문에 기분이 상해서 짜증을 낸다. 즉, 짜증은 자기 생각에 갇혀 있다는 표시다. "왜 짜증이 나죠?"라고 질문하면서 상대방이 자신의 상태를 볼 수 있게 하고 결국에는 '자기의 생각에서 벗어나도록' 도와야 한다.

짜증 견디기

- 지금까지 배운 모든 것을 활용해서 대화를 시작해보자.
- 허락을 구하고 상대방의 이야기를 집중해서 들어보자.
- 질문을 계속하고 다시 받아치기를 반복하자.
- 상대방이 짜증을 내더라도 침착하자. 그 짜증은 당신 개인에 대한 것이 아니다.
- 질문을 계속해도 될지, 아니면 그만해야 할지에 대해 물어보자.
- "한숨을 쉬는 것을 봤어요. 그 한숨은 어떤 뜻이에요?" "짜증 나 보이던데 왜 짜증이 났나요?" 같은 질문을 해보자.

삶을 바꾸는 질문의 기술

4장

사람의 마음을 사로잡는
질문의 기술

"어떻게 해야
상대의 진심을
끌어낼 수 있을까?"

> 사람은 계속 반복하면서 완성된다.
> 그 사람의 탁월함은 행동이 아니라 습관에 있다.
>
> _ 아리스토텔레스

질문의 기술은 요리와 비슷하다. 요리 순서만 따라 하면 음식이 완성된다. 하지만 정말 요리를 배우려면, 맛을 이해하고 육질을 이해하려면, 요리에 들어간 양념을 알고 어떤 맛이 부족하고 강한지 알려면 자주자주 연습해야 한다. 질문을 잘하려면 연습하고 수련해야 한다. 이번 장에서는 실전에서 써먹을 수 있는 질문의 기술을 소개하겠다. 반복해서 연습해보기를 권한다.

'아래에서 위로 가는 질문'을 던져라

"나는 마리커가 좋은 엄마라고 생각해."

내가 이렇게 말한다면 듣는 사람은 무슨 근거로 이렇게 말하는지 모른다. 나는 마리커가 아이들을 자유롭게 놓아주기 때문에 좋은 엄마라고 생각하지만 상대방이 내게 그 이유를 묻지 않는다면 아무도 그 이유를 알 수 없다. 상대방은 자신이 생각하는 좋은 엄마의 기준으로 마리커를 이해할 수도 있다.

판단의 배경이 되는 근거를 알려면 좋은 질문이 반드시 필요하다. 당연히 소크라테스의 문답식 대화를 통해 질문해야 한다. 그리고 질문을 할 때는 구체적인 예를 제시해야 한다. 추상적인 말은 처음에는 재미있을 수도 있지만 곧 뜬구름 잡는 것처럼 되어 의미가 모호해질 수 있다.

질문의 방향은 위아래로 할 수 있다. 이때 위는 주장이나 발언 뒤에 숨은 가정이나 암시이고 아래는 구체적인 현실과 일상생활을 가리킨다. 예를 들어 누군가 "티르자는 좋은 여자 친구예요"나 "얀선은 좋은 직원이에요"라고 말한다고 하자. 이때 말하는 사람의 확신, 가정, 가치 등은 '위'가 된다.

추상적인 개념이다. 좋은 여자 친구, 좋은 직원, 솔직함, 정당함, 우정, 동료 의식, 용기, 협동 등도 추상적인 개념이다. 그리고 구체적인 현실, 즉 구체적인 사례 등은 '아래'가 된다. "얀선이 구체적으로 무슨 일을 했는데요?" "티르자가 구체적으로 무슨 일을 했습니까?"라고 질문할 수 있다. 그리고 이러한 질문에 대한 대답은 "얀선은 좋은 직원입니다"나 "티르자는 좋은 여자 친구입니다"라는 가정에 대한 구체적인 근거가 되어야 한다.

"얀선은 좋은 직원입니다. 자기의 업무를 제시간에 마치고 약속을 잘 지키기 때문입니다."

"티르자는 좋은 여자 친구입니다. 제 이야기를 잘 들어줍니다."

상대방이 구체적인 근거를 제시하면 여기에서 위로 향하는 질문을 던져야 한다.

"왜 이야기를 잘 들어주는 사람이 좋은 여자 친구죠?"

당신의 질문에 상대방은 다시 이렇게 답할 수 있다.

"다른 사람한테 관심이 있다는 뜻이니까요."

대답은 사람마다 다를 수 있다. 사람에 대한 관심과 우정에 대해 다르게 생각할 수도 있으니까.

오래전에 '일상 속의 철학'이라는 수업을 한 적이 있다. 나는 수강생들에게 짧은 이야기를 들려주었다.

"한 소녀가 섬에 살고 있었어요. 육지에 사는 남자 친구에게 가고 싶었죠. 그런데 폭풍이 쳐서 배가 뜨지 못했어요. 섬에 사는 선장이 육지에 데려다주겠다면서 그 조건으로 자신과 잠을 자야 한다고 했죠. 소녀는 어머니에게 조언을 구했어요. 어머니는 알아서 하라고 하면서 모든 선택은 자신의 책임이라고 했죠. 이 엄마는 좋은 엄마입니까?"

수강생 중 마르셀은 좋은 엄마가 아니라고 했고 렌스커는 좋은 엄마라고 말했다. 하지만 그 이유는 둘 다 제시하지 못했다. 나는 질문을 이어갔다.

마르셀	좋은 엄마가 아니라고 생각해요. 솔직히 좋지 않다는 생각이 그냥 들었어요.
나	무엇이 좋지 않은 엄마로 만들었나요? 당신이 나쁘다고 생각하는 뭔가를 이 엄마가 했나요? (아래로 향하는 질문)
마르셀	엄마가 딸을 그저 운명에 맡기고 있잖아요.
나	엄마가 딸을 그저 운명에 맡기고 있다? (아래로 향하는 질문)
마르셀	엄마는 딸에게 충고도 하지 않고 보호도 하지 않았어요.

나	좋은 엄마는 보호할 의무가 있군요? (위로 향하는 질문)
마르셀	네. 좋은 엄마는 악에서 딸을 보호해야죠. 딸이 조언을 구하면 당연히 그 의무를 다해야 했어요.

하지만 렌스커는 동의하지 않았다.

렌스커	마르셀의 말에 동의할 수 없어요. 그 엄마는 좋은 엄마예요.
나	어떤 점이 좋은 엄마로 만들었나요? 그 엄마가 정확히 무엇을 했죠? (아래로 향하는 질문)
렌스커	엄마는 충고하지 않았어요. 그게 핵심이죠.
나	엄마가 딸에게 충고하지 않았다는 사실이 왜 좋은 거죠? (위로 향하는 질문)
렌스커	엄마는 딸에게 자유를 줬어요. 딸에게 무엇을 하라고 말하지 않았어요. 딸이 독립적으로 결정하게 했어요. 그리고 스스로 책임감을 느끼도록 했죠.
나	좋은 엄마는 책임감을 느끼게 하는 것과 관련 있군요? (위로 향하는 질문)
렌스커	네, 바로 그겁니다!

이 대화에서 알 수 있듯이 누가 왜 무엇을 말하는지 알려면 질문이 필요하다. 질문을 할 때는 구체적인 사례에서 시작해서 추상적인 내용으로 질문해야 한다. 처음부터 추상적인 질문을 했다면 마르셀과 렌스커는 비슷한 이야기만 했을지 모른다. 하지만 구체적인 사례에서 질문을 시작하자 자신도 말하지 못했던 자기주장의 근거들을 정리해서 말하게 되었다.

생각

추상적 개념, 관점, 인생관, 도덕적 원칙(정직, 정의, 용기, 좋은 엄마, 좋은 동료)

위로 가는 질문
- X가 Y와 무슨 상관이 있지?
- 왜 그래?
- X라니, 그게 무슨 말이지?

주장

나는 ~라고 생각한다.
나는 ~를 바란다.

삶을 바꾸는 질문의 기술

나는 ~를 생각한다.

나는 ~를 예상한다.

아래로 가는 질문

— 언제였어?

— 그가 정확히 뭐라고 말했어?

— 그때 너는 무엇을 했어?

— 그래서 어떻게 됐어?

실제

사실, 행위, 사건, 발언, 관찰 등의 구체적인 예

위로 가는 질문일까, 아래로 가는 질문일까?

- 텔레비전이나 라디오 인터뷰, 팟캐스트 등의 대화를 들어보자.

- 사람들의 질문을 잘 들어보고 질문을 구분해보자.

- 위로 가는 질문(의견, 제안, 인간관)인가? 아래로 가는 질문(사실,

  사건)인가?

이런 연습은 질문의 구조를 빨리 이해하게 하며 이해하면 쉽게 응용할 수 있다.

처음에는 아래로, 그다음에는 위로 질문하기

- 상대방이 자신의 경험이나 현재 처한 상황을 이야기할 때 주목하자.
- 상대방의 말을 듣고 그와 관련한 질문을 하자.
- 처음에는 아래로, 그다음에는 위로 향하는 질문을 하자.

  예 "제가 학부모 회의에 참석했는데, 마르터의 아버지 폴이 또 운동장을 보수하자는 거예요. 교장 선생님께 좀 무리한 요구를 한다는 생각이 들었어요!"

누군가 이렇게 말했다면 이렇게 질문해보자.

아래로 가는 질문

- 폴이 정확히 뭐라고 말했어요?
- 어떤 운동장 공사를 말하는 거죠?

- 그 회의에 누가 또 있었어요?

- 다른 사람들은 뭐라고 말했죠?

위로 가는 질문

- 그 말이 왜 무리한 요구죠?

- 무리한 요구를 하는 것은 안 좋은 건가요?

- 폴은 무리한 요구를 하면 안 되나요?

기술 2

화가 난 순간을 찾아서 정곡을 찔러라

소크라테스의 문답식 대화에서는 정점에 이를 때까지 계속 질문하게 한다. 사실 대화의 하이라이트는 바로 이 순간이다.

만약 슈퍼마켓 계산대에 줄을 서 있는데 누군가 끼어들었다고 가정해보자. 당신은 아마 화가 날 것이다. 그런데 잘 살펴보면 화가 나는 특별한 순간이 있다. 어쩌면 무슨 말을 하면서 끼어들었을 수도 있고 그 사람의 카트가 당신의 카트를 쳤을 수도 있다. 아니면 그 사람이 당신을 쳐다보지 않고 그냥 쓱 끼어들었을 수도 있다. '저 사람 뭐야!'라는 생각이 들었을 수도 있다. 이 중 어떤 한 순간에 화가 시작되었을 것이다. 화가 난 정점의 순간을 찾으면 상대방의 핵심을 찌를 수 있고 화, 슬픔, 짜증, 의견 등에 대해 계속 질문할 수 있다.

정점을 향해 계속 질문한다는 것은 아래로 향하는 질문을 계속한다는 의미다. 상대방은 질문에 "그때……. 저는 ○○(정점의 내용)했어요/생각했어요/느꼈어요. 왜냐하면……"이라고 대답할 수 있다.

정점에 이르는 대화 예시

미리암은 역할을 바꿔서 아놀드에게 소크라테스의 문답식 대화로 질문하게 했다. 아래는 그 내용이다.

미리암   제 딸이 너무 게을러요. 어제 집에 도착하자마자 소파에 누워서 핸드폰을 만지작거리면서 텔레비전만 보더라고요. 숙제가 많은데 말이에요. 다음 주에 시험도 있거든요.

아놀드   따님이 소파에 누워 있을 때가 몇 시였죠?

미리암   하교 후였으니까 4시 30분경이었어요.

아놀드   따님이 소파에 퍼져서 텔레비전 앞에 누워 있을 때 당신은 어디에 있었죠?

미리암   퇴근해서 막 집에 도착한 상태였어요. 4시 30분에 쇼핑백을 들고 집에 들어왔죠. 저는 복도와 거실 사이 문에 서 있었고 그때 딸아이를 봤어요.

아놀드   서로 무슨 말을 했죠?

미리암   딸아이가 누워 있는 걸 보고 "참 여유로워 보이네"라고 했어요. 그러자 딸아이가 "응" 하더군요. 전형적인 사춘기 아이의 반응이었어요. 저는 "숙제는 없니?"라고 다시 물었어요.

아놀드   그런 다음에는요?

미리암   딸아이가 한숨을 쉬더니 눈을 굴렸어요. 저는 쇼핑백을 들고 부엌으로 갔고요.

아놀드   그러니까 이런 내용이죠? 집에 도착해서 문에 서 있었죠. 따님이 소파에 누워 텔레비전을 보면서 핸드폰을 만지작거리는 것을 봤고요. 당신이 정말 여유로워 보인다고 말하자 따님이 '응'이라고 대답했죠. 당신은 숙제는 없냐고 물었고 아이는 한숨을 쉬면서 눈을 굴렸죠. 그다음 당신은 쇼핑백을 들고 부엌으로 간 거죠? 맞나요? 혹 뭐가 빠졌나요?

미리암   아니. 정확해요.

이제 벌어진 일이 분명해졌고 두 사람은 같은 상황을 머리로 그리고 있기 때문에 아놀드는 정점을 향한 질문을 계속할 수 있다.

> **아놀드**   따님이 정확히 어떤 면에서 게으르다고 생각하세요?
>
> **미리암**   문을 열고 들어가 딸아이를 본 순간 그런 생각이 들었어요. 소파에 또 누워 있겠지 싶었는데, 아니나 다를까 역시나였죠!
>
> **아놀드**   그 순간 무슨 생각이 드셨나요?
>
> **미리암**   문을 열었을 때 딸아이가 소파에 누워서 핸드폰을 만지작거리고 있었고 텔레비전도 켜져 있었어요. 그때 저는 '세상에, 어쩜 저렇게 게으를 수가!'라고 생각했어요.

아놀드는 이제 위로 향하는 질문을 시작할 수 있다. 미리암의 세계에서는 '소파에 누워서 텔레비전을 켜놓고 핸드폰을 만지작거리는 것'이 '게으르다'는 것과 동일한 행동이었다. 그런데 그 이유는 아직 모른다. 이제 목표는 미리암이 이렇게 판단한 이유가 뭔지, 그녀의 인생관에 영향을 미친 것이 과연 무엇인지 알아보는 것이다.

아놀드 소파에 누워서 핸드폰과 텔레비전을 보는 것이 '게으른 것'과 무슨 상관이 있죠?

미리암 아무 생각 없이 퍼질러 있는 거잖아요. 생산성 있는 일도 아니고요. 정말 아무짝에도 쓸모없는 행동이죠. 아무 이유 없이 막 돌아다니는 거랑 비슷한 거죠.

아놀드 생산성 없는 행동을 하는 건 자동으로 게으르다는 뜻인 거네요?

미리암 아니죠, 반드시 그런 것은 아니에요. 그럴 필요도 없고요. 물론 부지런해도 유익한 일을 하지 못할 수도 있어요.

아놀드 따님이 핸드폰을 보면서 무슨 유익한 일을 했나요?

미리암 아니요, 아, 모르겠어요. 핸드폰으로 뭘 했는지는 정확히 모르겠어요. 물어보진 않았으니까요.

아놀드 그렇다면 따님의 행동이 게으른 것과 무슨 상관이 있죠?

미리암 모르겠어요. 그냥 그렇다고 생각해요.

위의 대화에서 아놀드는 처음에 아래로 향하는 질문을 했다. 그다음에는 위로, 다시 아래로 질문했다. 아놀드는 미리암이 분명하게 대답하지 않거나 미리암의 생각이 무너지는 것 같을 때 멈추지 않고 계속 질문했다. 미리암은 대화의 끝

부분에서 정신을 놓게 됐다. 두 사람의 대화를 통해 '게으르다는 것'은 미리암의 생각일 뿐이고 어쩌면 미리암의 딸은 게으르지 않을 수도 있다는 생각이 들었다. 미리암은 게으름과 유익함의 구체적인 판단 근거를 갖고 있지 않기 때문이다.

정점에서 위로 질문하기

- 대화 상대에게 짜증, 화, 주변의 악평 등 마음의 동요를 일으키는 게 무엇인지 물어보자.
- 정확히 어떤 순간에 동요가 일어나는지 질문하자. "어느 순간에 화가 났죠?" "어느 순간에 상대가 이상하다고 생각했죠?" 등을 물어보자.
- 그 순간을 가능한 한 초 단위로 집어내자.
- 그런 다음에 위로 향하는 질문을 하자. 즉, 그 행동과 무슨 관련이 있는지, 자신의 주장을 어떻게 표현할 수 있는지 살펴보자.
- "그때……. 저는 ○○(정점의 내용)했어요/생각했어요/느꼈어요. 왜냐하면……"과 같은 식으로 말하게 하자.

삶을 바꾸는 질문의 기술

진심으로 궁금할 때만 "왜"라고 묻는다

많은 강의에서 '왜'로 시작하는 질문을 하지 말라고 권고한다. 이는 안타까운 일이다. 우리는 새로운 것을 이해하고 싶을 때 '왜'라고 묻는다. 당연한 것들에 대해서는 질문하지 않는다. 그런데 '왜'라는 질문을 들으면 말문이 막히고 불편한 것도 사실이다. 보통 '왜'라고 물으면 '책임'을 묻는다고 생각하기 때문이다. 그럴 필요가 없는데도 '왜'라는 말을 들으면 방어하려고 한다. 그것은 우리가 흔히 '왜'를 잘못 사용하고 있기 때문이다. 예를 들어 "당신이 청소기를 돌린다고 해놓고 안 지켜서 나 진짜 짜증 나"라고 말하는 대신 "왜 청소기 안 돌렸어?"라고 말한다. 상대방을 공격하거나 평가할 때 '왜'라는 말로 포장한다. 당연히 상대방은 질문을 가장한 질책으로 느끼게 된다.

"왜 다시 해야 하죠?"

"왜 아직도 고기를 먹죠?"

"왜 신선 식품을 안 먹고 인스턴트로 때우죠?"

이런 질문도 마찬가지다. 이것은 질문이라기보다는 자신

의 의견을 피력하는 문장이다. 정말 상대의 의견이 듣고 싶어서 묻는 질문이 아닌 것이다. 하지만 우리가 정말 상대에 대해 이해하고 싶을 때, 깊이 있는 대화를 하고 싶을 때는 '왜'라고 질문해야 한다. 내가 몰랐던 새로운 세계로 들어가기 위해서는 필수적이다. '왜'로 시작하는 질문이 없으면 새로운 안목을 가질 수 없다. 좋은 대화를 나누고 싶고 만남 자체를 즐기고 싶다면 '왜'로 시작하는 질문을 많이 해야 한다. '왜'로 시작하는 질문을 이렇게 바꿀 수도 있다.

- 왜 아직도 고기를 먹죠? ⇒ 고기를 먹는 이유가 뭐죠?
- 왜 의무적으로 백신을 맞아야 하죠? ⇒ 백신을 의무적으로 맞아야 하는 근거가 뭐죠?
- 왜 그렇게 말하죠? ⇒ 그렇게 말씀하시는 근거가 있나요?

그런데 '왜'로 시작하는 질문에는 한 가지 결점이 있다. '왜'로 시작하는 질문에 상응하는 단 하나의 분명한 원인을 찾으려고 한다는 것이다. 하지만 세상만사는 단지 하나의 이유, 원인, 동기 때문에 일어나지 않는다. 이를테면 "2차 세계대전은 왜 일어났을까요?"라는 질문에 딱 한 가지 분명한 이유를 이야기할 수는 없는 노릇이다. 만약 좀 더 복잡하고 다양한 답변을 원한다면 질문을 '어떻게'로 시작하는 것이 낫다. "왜 고기를 안 먹나요?"가 아니라 "어떻게 고기를 안 먹게 됐나요?"라고 질문하면 좀 더 다양한 원인에 대해 들을 수 있다.

"왜"라고 물을 때 조심해야 할 것

'왜'로 시작하는 질문을 하고 싶지만 그렇게 하기가 어려운가? 그렇다면 질문을 달리 구성해보자.

- "왜 ○○하죠?"를 "어떻게 ○○하게 되었죠?"로 바꿔보자.
- 또 "왜"라고 꼭 물어야 할 상황에는 '상대방에 대해 진심으로 관심을 가진 상태에서 질문한다'는 원칙을 지키자.

기술 4

"한번 이야기해보세요"라고 말을 걸어보자

얼마 전에 한 주택조합에서 '질문하는 방법'에 대한 워크숍을 진행했다. 참가자들에게 워크숍에서 무엇을 배우고 싶은지 이야기해보라고 했다.

"어떻게 해야 상대의 진심을 끌어내는 질문을 할 수 있을까요?"

"어떻게 해야 상대가 생각하게 할 수 있을까요?"

"어떻게 해야 고객에게 좋은 질문을 해서 자신의 이야기를 하도록 이끌어낼까요?"

참가자들은 대체로 이런 게 궁금하다고 했다. 그런데 참가자 중 레오노러라는 한 여성이 이렇게 말했다.

"저는 아이가 세 명입니다. 열한 살, 아홉 살, 일곱 살이죠. 학교생활이 어땠는지 물어보면 '재미있었어요' '좋아요' '약간' 같은 대답이 다예요. 어떻게 질문해야 더 많은 이야기를 들을 수 있을까요?"

자연스럽고 순수하게 질문을 듣는 것 외에 암시나 해결책, 조언 등을 질문에 넣는 것은 일반인이 하기에는 쉽지 않다. 이때 사용할 수 있는 효과적이면서 간단한 문장이 하나 있다.

"한번 이야기해보세요."

이 문장은 질문자가 상대의 이야기에 귀 기울이고 있다는 뜻을 내비치면서도 자신의 의도를 강요하는 느낌을 주지 않는다. "한번 이야기해보세요"는 환풍기와 같다. 쌓아둔 감정, 긴 이야기, 억눌린 감정은 이 말을 하는 순간 환풍기가 되어 모두 빠져나간다. 우리는 상대의 진짜 이야기를 듣게 되고 그의 경험을 이해하게 된다. 계속해서 대화를 이어갈 수 있을 뿐만 아니라 어느 정도 내가 원하는 관계를 만들 수 있다. 그 사람의 이야기를 다 듣고 난 다음에 심층 대화를 원한다면 또 질문하면 된다. 그리고 효과가 좋다면 계속 질문하면 된다.

한번 이야기해봐

- 옆에 있는 사람이 투덜대기 시작한다면 "한번 이야기해봐"라고 말을 걸어보자.
- 질문이나 조언은 자제하고 "한번 이야기해봐! 무슨 일이 있었어?"라고 말을 걸어보자.
- 상대가 어떻게 반응하는지 기록하자.
- 이 말을 던진 이후, 두 사람의 관계에 어떤 변화가 일어나는가?

질문하기 전에 알아야 할 7가지

우리는 알지 못하는 사이 거의 매일 수백 개의 함정에 직면한다. 그중에는 간단한 함정도 있다. 그것을 미리 알고 있기만 하면 그 후에는 휘파람을 불면서 피해갈 수 있다.

① 질문의 목적이 무엇인가?

우리는 질문의 목적을 모른 채 질문하곤 한다. 그냥 아무 생각 없이 무심코 질문한다. 이런 질문은 사실 질문이 아니다. 따라서 '질문의 목적이 무엇인가?'부터 점검해라. 내가 알고 있는 사실이 뭔지 먼저 체크하면 더 깊이 알고 싶은 게 뭔지 알 수 있다. 만약 사실을 확인하고 싶다면 '누가, 무엇을, 어디서, 어떻게 혹은 언제'로 시작해라. 상대의 생각을 더 알고 싶다면 '왜'로 시작하는 질문을 던지면 된다. "이유가 뭐죠?" "어떻게 그렇게 된 거죠?"라는 질문도 좋다. 상대가 이미 쓴 말을 사용해서 질문해도 된다.

② 질문으로 포장한 발언

아주 흥미로운 유형의 질문이다. 질문의 내용보다는 욕을 떠올리게 한다. 이런 문장은 질문으로 포장한 발언이다. 억양을 어떻게 하느냐에 따라 욕설이 될 수도 있다.

"보고서를 아직도 안 보냈어요?"

"얘야, 쓰레기통을 밖에 내놓으라고 부탁하지 않았니?"

"또 늦었군요?"

이런 질문은 공을 아주 세게 쳐서 상대가 되받아칠 수 없게 하는 것과 같다. 심한 경우에는 상대의 테니스 라켓을 빼앗아 버리기도 한다.

③ '그런데~?'라고 질문하기

아주 세밀하지만 자주 발생하는 질문의 함정은 '그런데'가 들어간 질문이다. 질문의 첫머리가 '그런데'로 시작하는 것이다. 여기서 '그런데'는 단순한 접속사라기보다는 질문하는 사람의 생각을 강조하는 뉘앙스를 풍긴다. 아주 섬세하게 일어나서 알아차리지 못하는 경우가 많지만 이 단어에는 분명한 메시지가 있다. '그런데' 뒤에 부정을 뜻하는 '아니다'가 올 때는 그 의미가 더욱 명백하다.

"그런데 히다야가 다른 것을 했으면 나았을 거라 생각하지 않니?"

"그런데 그 보고서를 다르게 쓰는 게 더 나을 거라 생각하지 않니?"

'아니다'라는 단어 없이도 '그런데'가 있는 질문에는 미묘한 차이가 발생한다.

"그런데 우리도 수영장에 먼저 갈 수 있어요?"는 "우리도 수영장에 먼저 갈 수 있어요?"와 완전히 다른 질문이다.

"그런데 당신은 거기에 대해 어떻게 생각하나요?"는 "거기에 대해 어떻게 생각하나요?"와 의미가 완전히 다르다.

"그런데 왜 당신은 그걸 마르얀한테 물어봤어?"는 "왜 당신은 그걸 마르얀한테 물어봤어?"와 다른 의미다.

'그런데~?'라고 질문하는 문장 안에는 '나에게도 의견이 있지만 아직 말하지 않았다'라는 의미가 들어 있다. 위의 질문을 마침표 문장으로 바꾸면 아래와 같다.

"나는 수영장에 먼저 가고 싶어요."

"당신은 거기에 대해 X를 Y라고 생각해야 해요."

"당신은 그것을 마르얀에게 물어보지 말았어야 해요."

삶을 바꾸는 질문의 기술

④ 칵테일 질문

우리는 온갖 질문이 뒤섞인 칵테일 질문을 하는 데 아주 뛰어나다. 질문 하나를 시작한다. 그리고 질문의 좀 더 나은 형태를 생각한다. 그런 다음에 그 질문을 연달아서 한다. 가끔은 하나를 더 덧붙인다. 이러한 칵테일 질문을 들으면 대화 상대는 어떤 질문에 답해야 할지, 어떤 순서로 답해야 할지 선택해야 한다.

결과는 모호한 이야기나 절반만 완성된 대답이 돌아온다. 또는 상대방이 이야기하고 있지만 무엇에 대한 이야기인지 알 수가 없다. 안타까운 일이다. 여러 가지 질문을 동시에 하기 때문에 깊이 있는 대화를 할 수가 없다. 따라서 질문을 하나만 하고 그 질문에 머물러야 한다. 상대는 무엇에 대해 대답해야 하는지 정확히 알기 때문에 별다른 문제가 없다면 분명한 대답을 할 것이다. 결과는 군더더기 없는 분명한 대화이고 계속 질문할 수 있는 정보도 얻게 된다.

⑤ 모호한 질문

모호한 질문이란 상대가 말한 의미를 추측해야 하는 질문이다. 내 남자 친구는 일요일 아침에 잠에서 깨어 "많이 늦었어?"라고 질문하는 습관이 있었다. 처음에 나는 '늦었다'는 기준이 뭔지 잘 몰라서 그냥 "그래"라고 대답했다. 그런데 자주 이런 질문에 답하다 보니 10시가 늦은 시간이라는 생각이 굳어지는 것 같았다. 그러던 어느 날이었다. 남자 친구가 "지금 몇 시야?"라고 물었고 나는 "10시"라고 답했다. 그러자 그가 다시 "뭐야. 10시밖에 안 됐어?"라고 말했다. 같은 시간이지만 전혀 다른 대화가 오간 것이다.

그러니 질문할 때는 명확해야 한다. 상대가 생각이나 개념을 추가할 필요가 없도록 분명하게 질문해야 한다. 다음과 같은 질문은 피하자.

- 저 탑이 높아?
- 라자냐가 맛있었니?
- 그녀가 뚱뚱해? 아니면 날씬해?

그 대신에 이렇게 질문하자.

- 저 탑이 얼마나 높아?
- 라자냐는 어떤 맛이야?

- 그녀의 옷 사이즈는 뭐야?

⑥ 양자택일형 질문

"땅콩버터로 하실래요? 아니면 초콜릿 토핑으로 하실래요?"와 같은 선택형 질문은 잘못된 게 아니다. 상대가 어린아이이고 땅콩버터나 초콜릿 토핑 중 무엇을 빵에 발라야 하는지 결정해야 할 때는 분명히 잘못된 질문이 아니다. 다만 우리는 더 많은 선택지가 있는데 두 가지만 선택하도록 하는 경향이 있다.

- "회의는 오늘 할까요, 내일 할까요?"

  모레 혹은 다음 주에 할 수도 있다.

- "바르트나 카럴하고 상의할까요?"

  마리커, 카림, 메이럴하고도 상의할 수 있다.

- "채식주의자와 육식주의자 중 어느 쪽이세요?"

  채식주의자도 오로지 야채만 먹는 경우, 야채와 생선을 먹는 경우,

  고기만 안 먹는 경우 등 다양하다.

- "왼쪽으로 갈래요, 오른쪽으로 갈래요?"

  똑바로 혹은 뒤로 돌아가는 것도 가능하다.

양자택일형 질문은 소극적인 질문이다. 질문자는 상대에게 우연히 생각난 두 가지 중 하나를 선택하게 한다. 하지만 가능한 선택은 더 많다. 이럴 때는 "샌드위치에 무엇을 올리고 싶으세요?" "언제 회의할까요?" "어느 쪽으로 가고 싶으세요?" 같은 형태로 질문해라.

⑦ 덜 익은 사과파이 같은 질문

대부분의 질문이 절반만 완성된 경우가 많다. 이는 대화 상대에게 절반만 익은 사과파이를 주는 셈이다. 아직 사과파이라 할 수 없는 상태라서 무슨 맛인지, 사과파이를 먹은 사람이 어떤 반응을 보일지 알 수 없다. 질문도 이와 마찬가지다. 덜 익은 사과파이 같은 질문을 받았을 때 사람들은 어떻게 답해야 할지 몰라서 당황한다.

"브람이 다시 즐겁게 일합니다."

"무슨 말이죠?"

여기서 "무슨 말이죠?"라는 질문이 바로 덜 익은 사과파이 같은 질문이다. 명료하지도 완전하지도 않다. 무엇을 묻는 것인지 불분명하기 때문이다. 이럴 때는 질문에 "○○라니, 그게 무슨 말이죠?"와 같은 약간의 추가 설명이 들어가야 한다. 이 경우에는 "즐겁게 일한다니, 그게 무슨 말이죠?"라고 물어야 한다.

"안나와 운하를 따라 걷고 있었죠. 거기 어떤 남자가 앉아 있었어요. 그 사람은 벤치에 앉아 있었고 그 옆에는 유모차가 한 대 있었어요. 남자가 우리를 보고 뭐라고 외쳤던 것 같아요. 뭔가 이상했어요. 근데 어떻게 반응해야 할지 몰라서 당황했죠."

이 말에 "무슨 말이죠?"라고 질문하면 그 남자에 대해 묻는 건지, 안나에 대해 묻는 건지, 그 남자가 외친 말에 대해 묻는 건지 전혀 알 수가 없다. 그러므로 확실하고 완전한 질문을 해야 한다. 이런 질문은 답변하기도 수월하다. 예를 들어 "안나가 누구죠? 저도 아는 사람인가요?" "그 남자가 뭐라고 외쳤죠?" "누구한테 외친 거죠?" "무엇 때문에 이상하다고 느낀 거죠?"라고 질문해야 한다.

5장

질문한 후
대화를 이어가는 법

"질문을 던진 이후,
그 사람과 나 사이에
무슨 일이
일어날까?"

넓은 시야는 생각을 넓혀준다.

_루셔

대화는 독백이 아니다

질문과 대답은 서로 잘 들어맞아야 한다. 하지만 많은 경우 들려오는 이야기를 절반만 듣고 나머지는 자신의 이야기로 채운다. 우리는 질문에 대한 대답을 제대로 얻지 못했다는 사실도 파악하지 못한다. 계속 자신의 이야기를 하기 때문이다. 대화는 서로의 주장이 맞물리면서 의견을 주고받는 것이다. 우리는 자신의 이야기를 남들이 듣게 하려고 말한다. 대화 상대와 관계를 유지하려는 목적도 있다.

그런데 둘이 대화를 하고 있는데 독백하듯이 혼잣말만 하는 경우도 많다. 이런 대화는 의식적이든 무의식적이든 상대방의 발언권을 빼앗고 제압하는 듯한 인상을 준다. 말하는 사람은 상당히 똑똑해 보일 수도 있다. 하지만 이런 대화는 대화가 아니다. 말하는 사람만 신이 나 있다.

소크라테스는 프로타고라스와 대화할 때 대화 상대가 이해할 수 없는 독백은 하지 말라고 요구했다.

소크라테스	제가 기억력이 안 좋아서 화가 나려 하네요. 길게 이야기하면 사람들은 앞의 내용을 잊어버리죠. 대답을 좀 짧게 해주세요.
프로타고라스	무슨 말씀인가요? 제 대답이 짧지 않다는 건가요?
소크라테스	네. 전혀 짧지 않습니다.
프로타고라스	꼭 필요한 것만 말하라는 건가요?
소크라테스	네, 맞습니다.

_플라톤, 「프로타고라스」

프로타고라스는 소크라테스의 요청에 기분이 나빠졌다. 그는 자기에게 유리한 이야기를 최대한 많이 하면서 어려운 단어로 말하는 데 익숙한 사람이었다. 그래야만 강력한 토론

자처럼 보이기 때문이다. 프로타고라스는 소크라테스의 바람대로 자신을 맞출 생각이 없었다. 소크라테스는 강력한 마지막 카드를 내놓았다. 당장 대화를 그만두겠다고 위협했다.

> 프로타고라스, 한번 들어보세요. 제 요청을 받아들이지 않는다면 여기서 대화를 멈추겠습니다. 하지만 제가 이해할 수 있게 대화를 한다면 당신 이야기를 듣겠습니다. …… 그러나 당신이 거부한다면 저도 다른 일이 있으니 너무 길어지는 대화에 더는 참여할 수 없습니다. …… 갈 데가 있어서 그만 가보겠습니다.
>
> _플라톤,『프로타고라스』

소크라테스의 이 말은 강력했고 주변 사람들은 대화를 계속하도록 서둘러 그를 설득했다. 그 뒤 긴 토론이 소크라테스의 방식대로 진행되었다. 프로타고라스가 짧고 단도직입적으로 말했다. 그때서야 소크라테스는 대화에서 언급된 문제를 계속 탐구할 수 있었다(Hans Bolten, 2003).

대화는 질문에서 시작하고 질문으로 완성된다

　강의나 워크숍에서 가장 많이 받는 질문 중 하나가 "어떻게 해야 계속 질문할 수 있는가?"이다. 계속된 질문은 대화의 깊이를 더해준다. 평균적인 시시콜콜한 대화보다 훨씬 더 진보한 대화가 가능해진다. 다른 사람을 더 잘 알게 되고 예민한 질문도 가능해진다. 그렇지만 어떻게 해야 계속 질문을 이어갈 수 있을까? 어디서부터 시작해야 할까? 도대체 어떤 질문을 던져야 그게 가능할까? 초조해하지 않으면서 질문을 이어갈 방법이 있을까?

　계속된 질문은 '왜'라고 묻는 것과 같은 효과를 낸다. 누군가에게 발언 배경, 입장을 말하라고 부탁하기 때문이다. 누군가는 분명히 방어 상태로 압박을 느낄 것이다. 사람들은 대체로 다른 사람을 난처하게 하지 않으려고 하며 좋은 관계를 유지하려고 한다. 그래서 질문 자체를 조심하지만 상대방 발언의 배경이나 생각의 구조를 알려면 계속 질문해야 한다. 질문을 받은 사람은 '내가 한 말이 맞는 걸까? 너무 성급하게 판단했나?' 하면서 자신을 돌아보게 된다.

　대화는 질문에서 시작하고 질문으로 완성된다. 그럼, 계속

　　　　　　　　　　　　　삶을 바꾸는 질문의 기술

질문하려면 어떻게 해야 할까?

첫째, 상대가 무슨 말을 하는지 정확히 들어야 한다. 그러려면 우선 자신의 생각은 접고 다른 사람에게 자신의 의견을 강하게 내세우거나 논쟁에 끼어들지 않아야 한다. 소크라테스의 문답식 대화를 통해 순순하게 이야기를 들어야 한다. 감정 이입은 철저하게 차단하자. 위로도 하지 말고 수습하거나 조언도 하지 말아야 한다. 그 대신 상대가 무슨 말을 하고 있는지, 그렇게 말하는 배경에는 무엇이 있는지에만 집중해야 한다. 그리고 분석해야 한다. '누가 어떤 유형의 발언을 하고 있는가?' '이미 말한 것과 연관성은 없는가?' '자신이 한 말과 모순되는 말을 하지는 않는가?' 등을 기록하면서 들어보자. 그러면 질문을 이어가기가 한결 쉬워질 것이다.

둘째, 당연한 내용을 질문해야 한다. 예를 들어 누군가 "교사는 불평하면 안 돼요. 그런데 요즘 교사들은 불평을 너무 많이 하는 거 같아요"라고 말한다면 그 말에 동의할 수도 있고 반대할 수도 있다. 만약 소크라테스의 문답식 대화를 배운 사람이라면 질문을 해야 한다. "요즘 교사들이 어떻게 했는데요? 무엇 때문에 교사들이 불평하면 안 된다고 생각하시는 건가요?"라고 말이다. '교사들이 불평이 많다'는 말을 들으면 자연스럽게 되물을 수 있는 질문이다. 만약 이렇게 당연한 질문을 다시 던지면 상대방은 잠시 난처해하면서 "당신도 잘 알면서 그래요? 뉴스에 맨날 나오잖아요"라고 내뱉을지도 모른다. 하지만 질문을 계속하면 상대는 자신이 무의식적으로 어떤 생각을 갖고 있는지 생각하게 되고 결국 말할 수밖에 없게 된다.

셋째, 상반되는 관점에 대해 질문한다. 상대방의 제안, 가정, 생각 뒤에 무엇이 있는지 알고 싶다면 전혀 상반된 관점에서 질문을 던져야 한다. 상대방이 생각하는 방향에서 질문할 때는 그 사람의 생각 속으로 깊이 파고 들어가야 한다. 그리고 '저 사람 말은 뭘 근거로 하고 있지?' '저 사람의 논리는 어떤 구조일까?' '그 구조는 정당한 것일까?'라고 생각하면서 질문해야 한다. 그리고 반대되는 관점에서 계속 질문하다 보면 상대방을 유연하게 만들어준다. 반대 의견에 처음에는 부정적인 반응을 보일 수도 있지만 질문이 계속되면 수긍하고 동의할 수 있다.

삶을 바꾸는 질문의 기술

상대방의 관점	반대 관점
• 그걸 어떻게 확신해요?	• 모든 사람이 그렇게 생각할까요?
• 논리적 근거가 있나요?	• 동의하지 않는 사람들은 뭐라고 말할까요?
• 어디에 근거한 거죠?	• 다를 수도 있지 않을까요?

넷째, 메아리 질문을 던진다. 계속 질문하는 가장 간단한 방법이다. 메아리 질문은 어느 상황에서나 사용할 수 있다. 문자 그대로 상대의 단어를 그대로 사용해서 질문하면 된다. 메아리 질문의 좋은 예와 나쁜 예가 몇 가지 있다.

• "회의가 끝도 없이 계속 이어졌어요."

　나쁜 예　무엇이 회의를 끝도 없이 이어지게 만들었죠? 누가 그렇게 오래 지연시켰어요?

　좋은 예　왜 그렇게 회의가 끝도 없이 계속 이어졌어요?

• "헹크의 어머니가 다시 즐겁게 지내신대요."

　나쁜 예　뭘 하셨는데요?

좋은 예   어떻게 다시 즐겁게 지내시게 된 거예요?

• **"그건 정말 가소로운 행동이라고 생각해요."**

나쁜 예   왜 가소로운 행동이라고 생각하세요? 왜 어리석다고
생각하시죠?

좋은 예   정말 가소로운 행동이 뭐라고 생각하세요?

위의 예에서 볼 수 있듯이 좋은 메아리 질문은 다른 사람의
이야기에 매우 가까이 있다. 질문자는 새로운 개념을 도입하
지 않았고 바꿔 말하지도 않았다. 대화 상대는 자신의 이야기
가 잘 전달되고 있다고 느끼며 자신만의 방향으로 생각할 수
있게 된다.

다섯째, 중심 개념을 계속 질문한다. 발언이나 질문에는 중
심 개념이 존재하며 대화는 사실 이 개념에 대한 이야기다.
개념은 주제, 생각, 대화의 중심이 된다. 개념을 인식하는 방
법을 배우면 계속 질문할 수 있고 중심 내용과 아닌 것을 구
분하는 데 도움이 된다.

예를 들어 누군가가 이렇게 말했다고 하자.

"부모들이 자기 아이들에게 예방 접종을 하게 만들어야 합

니다. 하지만 이건 부모가 결정할 일입니다. 외부에서 강압적으로 진행할 수는 없습니다."

이 말에서 중심 개념은 '자율권'이다. 이 사람에게는 '자율권'이 가장 중요한 가치인 것이다.

같은 주제에 대해 또 다른 사람은 이렇게 말할 수 있다.

"예방 접종은 정부에서 계획하고 관리하는 것입니다. 아이들에게 예방 접종을 하지 않는다고 생각해봅시다. 그동안 잘 관리했던 질병으로 우리 모두 다시 고통받게 될 겁니다."

이 말에서 중심 개념은 '통제'다.

'자율권'과 '통제'는 서로 정반대의 개념이다. 개념을 제대로 언급하는 법을 익히면 생각뿐만 아니라 대화에서도, 특히 계속 질문을 잘하고 싶을 때 그 의미가 분명해진다. 여기서 던질 수 있는 질문의 예는 다음과 같다.

- 부모의 자율권이 무엇보다 중요합니까?
- 자율권을 조금 양보하면 안 되는 겁니까?
- 부모들이 완전한 자율권을 갖게 된다면 어떤 일이 벌어질까요?
- 어떨 때 통제를 멈추고 자율권을 보장해야 하나요?

당연하지만 궁금한 내용을 질문해보자

- 누군가에게 이 연습을 함께하자고 부탁하자.

- 상대에게 아주 당연한 것을 적어보라고 하자. 그 사람은 아마 차,
  교통 문제, 미투, 정치, 종교 등 다양한 것을 적을지도 모른다.

- 상대가 적은 것 중 하나만 선택해서 자신의 주장을 만들어보자.

  예 부모들은 아이들에게 예방 접종을 맞혀야 해요. 우리 사회 구
  성원들 모두의 건강에 도움이 되기 때문이죠. 예방 접종을 거
  부하는 부모들은 자신들만 생각하지 말고 공공의 이익을 생각
  해야 해요.

당연하지만 궁금한 내용을 질문해보자.

- 예방 접종을 거부하는 부모들은 오직 자신만 생각하는 걸까요?

- 공공의 이익을 생각하는 것이 왜 중요하죠?

- 아이들에게 예방 접종을 맞히는 게 왜 우리 모두의 건강에 유익한
  거죠?

- 자기 자신을 생각하는 것이 나쁜가요?

- 자기 자신을 어느 정도 생각해야 하고 남을 어느 정도 생각해야 하나요?

상반된 관점에서 질문하기

- 대화 상대가 생각하는 방향으로 계속 질문해라.
- "어떻게 그것을 알죠?" "누가 당신이 그런 말을 하게 했죠?"
- 상대의 생각을 이해했다면 (동의하느냐 안 하느냐와는 다르다) 방향을 바꿔서 질문하자.
- "항상 그래요?" "어느 경우에 다르게 될까요?" "○○하는 다른 사람은 여기에 대해 어떻게 생각할까요?"

개념 인식하기

- 신문이나 잡지 인터뷰 기사, 논설, 기고문 등에서 문단 하나를 읽어보자.

- 중심 개념이 무엇인지 파악하자.
- 계속해서 상대에게 던질 수 있는 질문을 3개 만들어보자.

이 연습은 대화에서 개념을 쉽게 인식하게 하며 좋은 질문을 계속할 수 있게 도와준다.

다음 발언들을 보고 개념(한 단어)을 인식해보자.

- 저는 채식주의자예요. 인간의 미각을 위해 동물을 이용하는 것은 정당하지 않다고 생각해요.
- 생리대와 탐폰을 구할 수 있는 자판기를 설치해야 해요. 그리고 무료로 이용할 수 있어야 해요. 여성이라는 이유로 남성보다 비용을 더 지불해야 하는 것은 옳지 않아요.
- 표현의 자유는 과거에도 그렇고 지금도 시민들이 공공 토론에 참여할 수 있는 중요한 조건이죠.

질문으로 대응하는 법

우리는 '대응'이 갈등과 긴장감을 일으킨다고 생각한다.

'내 질문에 상처받을 거야' '방어적으로 반응할 거야'라고 생각한다. 대응하려면 영리해야 하고 아는 것이 많아야 한다고도 생각한다. 하지만 소크라테스의 문답식 대화를 배웠다면 대응하는 일은 전혀 어렵지 않다.

대응이란 무엇인가?

'대응하다'는 '서로 맞서다'라는 의미다. 받은 것을 돌려주는 것이다. 들은 것을 반사하는 것이다. 소크라테스의 문답식 대화는 상대방의 말을 다시 돌려주어 그 말을 생각하게 만든다. 이는 상대를 꼼짝 못 하게 하거나 바닥에 내동댕이치려는 게 목적이 아니다. 나의 옳음을 증명하거나 상대방의 잘못을 지적하려는 것도 아니다. 그저 잘 듣고 돌려주는 것뿐이다.

우리는 상대방의 주장에서 모순을 발견했을 때 질문으로 '대응'한다. 보통 다음과 같은 상황에서다.

- 상대방의 말이 불확실할 때
- 말은 많이 하지만 실제로 내용이 부족할 때
- 자신이 한 말에 반대되는 말을 할 때
- 생각의 착오에 빠져 있을 때

또한 상대의 이야기, 이야기 구성, 상대가 인용하는 개념 및 반대되는 말을 듣고 이해하지 못하면 당연한 질문들을 던진다. 알지 못하면 못할수록 더 많은 당연한 질문으로 대응한다. 하지만 상대가 나의 말에 대응하지 못하게 하고 싶을 때가 있다. 보통 다음과 같은 상황에서다.

- 오직 토론에서 이기고 싶을 때
- 상대가 나를 짜증 나게 한다는 사실을 분명하게 알려주고 싶을 때
- 지금 내가 아무 생각이 없고 다른 사람과 더 이야기하고 싶지 않을 때
- 상대가 말도 안 되는 이야기를 할 때
- 나와 거의 상관없는 내용일 때

어떻게 질문으로 대응할 수 있을까?

어떻게 해야 소크라테스의 문답식 대화로 대응할 수 있을까? 일대일 대화라면 어떻게 해야 할까? 예를 들어 상대의 (일부) 발언을 반복하면서 대응할 수 있다. 메아리 질문을 생각하면 된다.

- "생활보조금을 받는 모든 사람은 게으릅니다."

  "모든 사람이요?"

- "당신은 정말 너무 거만해요!"

  "거만하다고요?"

또 다른 간단한 방법은 순진하고 감탄하는 표정으로 설명해달라고 말하는 것이다.

- "생활보조금을 받는 모든 사람은 게으릅니다."

  "그 사람들이 게으르다고요? 그게 정확히 무슨 의미예요?"

- "모든 여성이 미투를 이야기하는데 당신은 남자로서 할 수 있는 게 없을 거예요!"

  "그게 정확히 무슨 말이죠? 여성들이 미투를 이야기하는데 남자로서 할 수 있는 게 없다뇨?"

- "그 사람들이 어떤지 알잖아요!"

  "아니요, 그들이 정확히 어떤 사람인데요?"

질문에 대답하지 않는 사람에게는 그 사실을 그대로 말하고 그런 다음 질문을 계속 반복할 수 있다. 이런 식의 대응은 정신을 바짝 차리고 이야기를 듣게 하며 상대가 답을 하는지 안 하는지, 답에서 무엇이 부족한지를 관찰해야 가능하다.

- "책임을 진다는 게 뭐죠?"

  "그건 용기와 관련이 있어요."

  "그건 질문에 대한 답이 아니에요. 당신은 책임과 관련된 것을 말하고 있어요. 책임을 진다는 게 뭐죠?"

- "그 일이 왜 그렇게 좋아요?"

  "아주 오랫동안 바라던 일이에요!"

  "그건 질문에 대한 답이 아니에요. 당신은 그 일을 하기 전에 대해 설명하고 있어요. 그 일 자체에 대해서는 아무 말도 안 했어요. 그 일이 왜 그렇게 좋아요?"

상대방이 핵심을 감추려고 수많은 말을 쏟아낸다면 이야기를 참고 다 들은 다음 명쾌하고 분명하게 다시 대답을 요구해야 한다. 이 또한 직면하게 하는 방법이다.

- "당신이 원하거나 원하지 않거나 다른 사람과 약속을 했기 때문에 당신 감정이 이성과 다르고 어딘가로 숨고 싶어도 당신은 이럴 수도 저럴 수도 없을 거예요. 상쾌한 기분이 아니겠죠."

"도대체 무슨 말을 하는 거죠?"

질문으로 대응하기

- 며칠간 뉴스를 비판적으로 들어보자.
- 누가 당신의 주장에 반대되는 말을 하는지, 핵심은 거론하지 않고 변죽만 울리는지, 내용이 불분명하거나 착오를 저지르는지 기록해라.
- 쓸데없는 잡담과 모호함, 모순, 착오 등을 되돌아보고 상대에게 대응할 질문을 계속 생각해라.
- 자신이 있으면 일대일 대화를 시도하자.
- 자신의 대화 태도에 주의하면서 판단하지도, 당황하지도 않고 열린 마음으로 대화에 응하자.

"~라고 가정해볼까요?"라고 질문하기

대화 상대에게 다른 면을 보여주고 생각의 폭을 넓히며 다른 생각을 하게 하려 할 때, "~라고 가정해볼까요?"로 질문해보자. 대화 상대조차 생각하지 못한 말이 자주 나온다.

무슨 생각을 하는지 알아야 그 생각을 계속할지 말지 선택할 수 있다

"~라고 가정해볼까요?" 질문의 엄청난 효과는 브렌다의 이야기에서 알 수 있다. 브렌다는 '일상 속의 철학' 수강생으로 매주 12명이 모여서 소크라테스의 문답식 대화를 연습했다. 어느 날 저녁 평가 시간을 가졌다. 나는 수강생들에게 도발적인 결혼사진을 보여주었다. 신랑 신부는 매우 특별한 방법으로 사진을 촬영했다. 덤불 앞에 신랑이 군청색 양복을 입고 등을 보인 채 서 있었다. 그리고 신랑은 바지를 무릎까지 내리고 신부는 무릎을 꿇고 앞에 앉아 있었다. 성적 행위를 연상시키는 장면이었다.

"너무 상식 밖 사진 아닌가요? 그렇다면 왜 그럴까요? 아니라면 왜 그렇지 않을까요?"

나는 수강생들에게 물었다. 모든 수강생은 자신의 판단과 논리적 근거를 제시했다.

"네, 상식을 너무 많이 벗어났어요. 이런 일은 정말 있을 수 없어요."

브렌다가 말했다. 하지만 왜 그렇게 생각하는지는 말하지 못했다. 성적 행위와 관련이 있어서 이런 식으로 표현해선 안 된다고 그녀는 생각했다.

나는 브렌다에게 다시 물었다.

"이 신랑 신부가 예복을 입지 않고 사진을 찍었다고 가정해봐요. 그냥 일상생활에서 입는 청바지를 입었다면요. 그때도 이 사진이 너무 파격적일까요?"

"아니요, 그렇지 않아요."

브렌다는 일 초도 생각하지 않고 외쳤다. 그리고 자기가 그렇게 말한 것에 스스로 놀라 곧바로 손으로 입을 가렸다. 브렌다는 자기의 숨겨온, 자기 자신도 인식하지 못했던 자신의 규범을 알게 되었다. 그 규범은 '신랑 신부는 정숙하게 옷을 입고 사진을 찍어야 한다'는 것이었다.

브렌다는 동성과 결혼했고 자녀도 둘 있었다. 그녀는 자신이 진보적이고 개방적이라고 생각했다. 그런데 자신이 그런 생각을 하고 있었다는 사실에 놀랐다. 나중에 브렌다는 매우 보수적인 부모님 밑에서 자랐다고 말했다. '신랑 신부는 정숙한 옷차림으로 사진을 찍어야 한다'는 생각은 자신이 아니라 부모님의 생각이라고 설명했다. 브렌다는 그 일을 통해 자기가 무엇을 생각하는지, 자기 생각이 어디에서 비롯됐는지를 깊이 생각하게 되었다.

그리고 자신의 생각과 말이 자신의 인생관에 맞지 않는 부분이 있다는 것을 인정하게 되었다.

이렇듯 질문은 우리 자신조차도 몰랐던 나의 생각을 확인할 수 있게 해준다. 이때 내면에 들어 있던 고통스러운 장면과 직면하기도 한다. 소크라테스의 문답식 대화를 '산파법'이라고도 하는 이유는 생각을 밖으로 끌어내는 과정이 출산의 과정과 같아서다. 깊은 곳에 숨어 있던 생각이 밖으로 나올 때 새로운 공간이 열린다. 그곳에서 우리는 그 생각이 나와 나의 미래에 이로운지 어떤지를 판단할 수 있다. 또 그 공간은 새로운 결정을 내릴 기회를 제공한다. 우리는 그 기회를 통해 오래된 생각 패턴이나 녹슨 규범, 고리타분한 인간관을 바꿀 수 있다. 질문은 이러한 과정을 위해 반드시 필요하다.

- 다른 사람과 대화 중일 때, 생각의 폭을 넓힐 수 있겠다는 생각이 들 때, 교착상태에 빠졌을 때 "…라고 가정해볼까요?"로 시작하는 질문을 해보라.

- 이 경우 대화 상대의 말을 최대한 많이 사용하는 것이 좋다.

> 예 "피터가 ×를 말했다고 가정해볼까요? 그렇다면 당신은 무엇을 할 것 같아요?"
>
> "라모나가 오지 않았다고 가정해볼까요? 그렇다면 당신도 파티 때문에 긴장했을까요?"

대화는 이해하고 이해받는 과정이다

우리는 소크라테스의 문답식 대화를 통해 질문하는 방법을 배웠고 잘 듣는 방법도 배웠다. 자신의 생각을 버리고 다른 사람의 생각으로 들어가는 것도 배웠다. 다른 사람의 말을 듣고 질문하고 듣고 질문하고……. 우리가 배운 대화의 방법이다. 그런데 나는? 나의 생각은 어떻게 이해받아야 할까?

이해하고 이해받으려면 다리를 만들어라

우리는 대화를 통해 상대방을 이해하고 그의 생각으로 들어간다. 그리고 나의 이야기와 의견을 위한 공간을 만든다. 우리는 단지 자신의 의견을 일방적으로 배출하기보다는 그 의견을 상대방이 듣고 받아주기를 원한다. 이렇게 두 사람이 교류하려면 다리를 놓아야 한다. 다리는 강가 양쪽의 단단한 강둑에 세워야 한다. 우리는 처음에 많은 시간과 관심, 에너지를 다른 사람의 이야기를 듣거나 다른 사람의 생각을 알아내는 데 투자한다. 강둑이 튼튼할 때 다리를 건설할 수 있고 또 다른 사람에게 우리의 이야기를 들으라고 초대할 수 있다.

그 다리 역시 질문의 형태로 만들 수 있다. 친구나 동료와 식사를 한다고 생각해보자. 우리는 방금 다른 사람의 생각에 대해 함께 질문하면서 탐구했다. 어느 순간, 상대는 "여기에 대해 어떻게 생각하세요? 여기에 대해 정말 어떻게 생각해요?"라고 물을지도 모른다. 아니면 스스로 생각하는 공간을 만들 수 있다. "저는 여기에 대해 여러 생각이 드네요. 당신에게 이야기해도 될까요?" 혹은 "흥미로운 관점이네요. 하지만 동의하지 않는 부분도 있네요. 제 생각을 이야기해볼까요?"라고 질문할 수 있다.

우리는 이런 질문을 통해 다른 사람의 생각을 받아들일 준비를 한다. 상대방은 지금 한참 동안 자신의 생각을 말로 전송했다. 상대방의 다른 관점을 수용할 의사가 있다면 그 말을 변환하는 과정이 필요하다. 이런 식으로 대화를 나누면 대화는 명확해지고 원만하게 흐를 것이다.

실전 연습

상대방과 나 사이에 다리 놓기

- 대화 상대의 의견을 연구하는 대화를 나누어보자.
- 계속 질문하고 경청해라.
- 상대가 어느 순간 우리의 의견을 물을 수도 있다. 그 순간까지 계속 질문하고 그의 이야기에 머물 수 있는지 살펴라.
- 상대방이 당신의 의견을 묻지 않으면 스스로 질문 문장을 만들어 다리를 만들어라.

  예 "여기에 대해 제 생각이 있어요. 한번 들어주실래요?"

그래, 그런데 항상 그럴 필요는 없잖아?

나는 파티에 참석했다가 내가 쓰고 있는 책에 대해 이야기했다. 질문을 하고 대화를 심오하게 만들며 자기와 상대의 생각을 연구하는 내용이라고 설명했다. 그러자 누군가가 이렇게 말했다.

"그래, 그런데 항상 그럴 필요는 없잖아? 내 친구 중에 한 명은 내가 온갖 이야기를 하고 질문을 해도 돌아오는 게 없어. 그냥 관심이 없는 거지, 물론 나도 심층적인 질문을 할 필요를 못 느꼈고. 이렇게 둘 다 질문과 심층 대화에 관심 없을 때도 있잖아?"

물론 사실이다. 상대가 내 생각과 관점에 관심이 없을 때 대화에 에너지를 쏟을 이유가 있을까? 동등한 위치에 있지 않은데? 대화가 일방 통행인데?

솔직히 말해서 나도 이 질문에는 쉽게 대답할 수가 없다. 나도 다른 사람의 생각이 항상 재미있지는 않다. 질문의 기술과 능력을 연습하기 위해 흥미롭게 생각하는 것뿐이다. 심지어 말도 안 되는 말을 하거나 아무 감정도 느끼지 못하는 사람들에게도, 내게 알레르기 반응을 보이는 사람들에게도 질문하고 그들의 논리를 (자주 내 것과 완전히 다른) 발견한다. 그리고 이런 과정이 재미있다고 생각한다. 그러한 사람들에게 질문을 던지면서 다른 세상에 대한 견문을 넓힌다. 나는 어떤 한 사람을 꼭 개인으로만 생각하지 않고 어떤 거대한 그룹을 대표하는 상징으로 본다. 그렇게 하면 이전에 낯설었던 사람들을 더 잘 이해하게 된다. 이렇게 생각하면 관심이나 에너지가 되돌아오지 않아도 원망하는 마음이 들지 않는다. 그 대신 상대가 어떻게 생각하는지에 대해 탐구하면서 즐거움을 찾는다.

또한 나는 생각을 분명히 밝히는 것이 꼭 중요하다고는 생각하지 않는다. 사람들에게 내 관점과 의견을 주입하려고도 하지 않는다. 나와 전혀 다른 생각을 하는 사람들에게 감탄하면서 좋은 대화를 하곤 한다. 내 생각을 내려놨다가 다시 생각하는 일은 자동차나 집에서 한다. 나는 한 사람에 대한 깊이 있는 탐구를 통해 인간 전체를 더 잘 이해하는 중이다. 그럴수록 내 이야기를 남들이 꼭 들어야 한다는 생각도 사라졌다.

그와 동시에 나는 내가 무엇을 경험하고 싶은지 알게 되었다. 그것은 바로 좋은 대화다. 하지만 모든 사람과 대화할 필요는 없다. 가족 파티에서 늘 같은 이야기만 하고 도무지 종잡을 수 없는 이종사촌이 있다면? 대화를 나눌 생각이 없다면 그만두면 된다. 공감대가 전혀 없고 다가가는 것만으로도 에너지 소비가 너무 많은 동료가 있다면? 물론 소크라테스의 문답식 대화를 나눌 필요가 없다.

대화를 통해 에너지를 얻는지, 에너지가 빠져나가는지를 주의해서 살펴봐야 한다. 소크라테스의 문답식 대화는 정확히 말하면 평소 내가 관심 없던 사람들, 나와는 다른 생각을 하는 사람들, 내가 별로 좋아하지 않는 사람들의 생각 속으로 들어가는 것이다.

다른 사람에 대한 진지한 관심은 그 사람뿐만 아니라 나 자신에게도 선물이 될 수 있다. 새로운 생각과 통찰력을 얻을

삶을 바꾸는 질문의 기술

기회이기 때문이다. 이 세상에는 좋은 대화가 필요하다. 자신의 생각을 다른 사람에게 주입하기보다는 함께 지혜로워질 수 있는 대화가 필요하다. 새로운 관점과 이해를 위한 대화가 필요하다. 먼저 이해하고 그다음에 이해받는 대화가 필요하다. 좋은 대화는 좋은 질문에서 시작한다. 좋은 질문은 호기심 가득한 마음과 감탄하는 자세에서 시작한다. 즉, 소크라테스의 자세이다.

소크라테스는 소파 위 내 옆에 앉아 있다. 그의 운동화는 지저분하다. 그는 방금 조깅을 하고 돌아왔다. 나는 그를 바라보며 묻는다.

"소크라테스, 이 책이 유용할 것 같나요? 많은 사람에게 영감을 주고 좋은 대화를 나누도록 도울 수 있을까요? 이 책이 약간 좋은 세상을 만드는 데 도움이 될까요?"

소크라테스는 나를 바라보며 말한다.

"그건 모르겠어. 시간이 가르쳐주겠지. 아직 할 일이 많아. 그래도 시작이 좋아."

책은 연극 공연과 마찬가지다. 결코 완전한 끝이 없다. 연극 공연은 회를 거듭할수록 디테일, 뉘앙스, 공연 초반과 후반의 배우 모습 등이 달라진다. 연극은 관객과 접촉하면서 더욱 알 차지고 발전한다. 책도 그렇다. 독자와 접촉하면서 새로운 생 각과 안목, 질문이 생겨난다. 책의 주제에 대한 새로운 생각 도 생겨난다. 새로운 생각은 socratesopsneakers.nl과 www. denksmederij.nl에서 확인할 수 있다. 이곳에는 다양한 기사 와 동영상, 질문 훈련법 등이 있으며 일정표에는 워크숍이나 강연 장소에 대한 정보가 있다. 질문도 할 수 있고 아이디어 와 생각도 공유할 수 있다. 이곳에서 독자와 대화를 나누고 싶다.

뭔가를 질문하고 반박하면서 생각이 확장되듯이 책도 그렇다. 함께 생각해주고 비판적으로 질문하며 다양한 도움을 준 분들께 감사드린다. 모두 아이디어를 제공하고 힘들 때 응원하고 용기를 북돋아주었다. 무엇보다 먼저 자신의 이야기를 공유해준 분들과 질문에 대답해주신 분들, 나의 질문 여행에 동참해준 분들께 감사의 말을 전하고 싶다. 당신들의 많은 이야기가 이 책에 기록되어 있다. 이야기를 기꺼이 공유해준 데 깊은 감사의 말을 전한다.

함께 연습하고 생각하고 책을 읽어준 사랑하는 마테이스에게 고맙다는 말을 전하고 싶다. 나를 다듬어주는 숫돌이 되어주어 정말 고맙다.

어머니는 인간관계와 연애에 대한 지식을 제공해주는 영원한 배움터다. 여동생 안느처럼 나를 속속들이 잘 아는 사람이 곁에 있어서 든든하다. 아버지는 기고문과 기사, 내 블로그 글들을 모두 꾸준히 읽으신다. 또 모든 팟캐스트를 듣고 페이스북에도 공유하며 가끔 비평이나 교정도 해주신다.

스승인 한스 볼턴, 크리스토프 판 로섬, 오스카 브레니피어는 아이디어, 수업 내용, 이론 등을 제공해주었다. 이 책에 모두 반영했다. 당신들에게 배울 수 있었다니, 그 모든 것에 감사드린다.

문학 에이전트 세베스 엔 비설링 회사의 플로 오버마스에게 감사드린다. 이 책의 가치를 진심으로 이해해주었다. 암보 안토스 출판사 덕분에 훨씬 좋은 책으로 탄생했다. 역시 감사드린다.

처음으로 이 책을 읽어준 이리스 포스트하우어, 카린 더 할란, 아너믹 라르호번, 아리아너 판 헤이닝언, 시흐리트 팜 이어설, 라르스 판 케설, 스텔라 아메스, 로스 스페르만, 닝커 브뤼흐만, 루벤 클레륵스 이상 모두에게 감사드린다. 당신들의 조언, 비판, 칭찬, 응원이 없었다면 이 책은 세상의 빛을 보지 못했을 것이다.

이메일, LinkedIn, 페이스북 및 인스타그램을 통해 응원해 준 모든 분께 감사드린다. 당신들은 모르겠지만 회의감이 들었을 때 당신들 때문에 내 마음이 따뜻할 수 있었다. 당신들은 나의 치어리더였다.

마지막으로 독자 여러분께 깊은 감사를 드린다. 이 책을 읽기 위해 시간을 내주신 것에 감사드린다. 또한 좋은 질문을 하기 위해 숙고하고, 명확하게 생각하기 위해 자신을 발전시키고, 생각하는 것을 말로 표현하고, 좀 더 나은 대화를 나누고 싶어하는 모든 이들에게 감사드린다. 책 한 권으로 대화법을 바꿀 수는 없다. 어느 날 갑자기 그렇게 할 수도 없다. 그렇지만 오랫동안 함께한다면 우리는 뭔가를 이룰 수 있을 것이다. 귀하는 이를 위한 중요한 초석이다. 감사드린다.

· 참고 문헌 ·

| 들어가는 말 |

• Lammert Kamphuis, Filosofie voor een weergaloos leven. Amsterdam:
  De Bezige Bij, 2018

• Carolina Lo Galbo, 'Hoe Femke Halsema verbindend werd', Vrij
  Nederland, 25 april 2019 (https://www.vn.nl/femke-halsema-
  verbindend-burgemeester/)

| 1장 | 좋은 질문을 던지지 못하는 이유
  "왜 우리는 뻔한 질문을 주고받을까?"

• Ellen de Visser, 'Waarom je bij problemen beter geen advies kunt geven,
  de Volkskrant, 13 juli 2018 (https://www.volkskrant.nl/de-gids/waarom-
  je-bij-problemen-beter-geen-advies-kunt-geven~b80bcac7/)

• Huub Buijssen, Mag ik je geen advies geven? In 6 stappen van probleem
  naar oplossing met de methode coachende gespreksvoering. Tilburg:
  TRED Buijssen Training en Educatie, 2018

• Adrian F. Ward, 'The Neuroscience of Everybody's Favorite Topic,

Scientific American, 16 juli 2013 (https://www.scientificamerican.com/article/the-neuroscience-of-everybody-favorite-topic-themselves/)

- Diana I. Tamir & Jason P. Mitchell, 'Disclosing Information about the Self Is Intrinsically Rewarding, pnas 109 (21), p.8038-8043. 22 mei 2012

- Anne Neijnens, 'Jan Geurtz: De Spirituele Liefdesrelatie', De Anne Neijnens Show, 22 augustus 2018 (https://soundcloud.com/anneneijnens/jangeurtz)

- Brené Brown, Verlangen naar verbinding [Braving the Wilderness], vert. Bonella van Beusekom. Amsterdam: Lev., 2018

- Dit was het nieuws, 17 december 2017

- Nathalie Huigsloot, 'Janine Abbring: "Als je wilt weten waarom Godniet bestaat, moet je naar het leven van mijn moeder kijken", Volkskrant Magazine, 6 juli 2018 (https://www.volkskrant.nl/ mensen/janine-abbring-als-je-wilt-weten-waarom-god-niet-bestaat-moet-je-naar-het-leven-van-mijn-moeder- kijken~bfa2f8a5/)

- Rob Wijnberg, De nieuwsfabriek: hoe de media ons wereldbeeld vervormen. Amsterdam: De Bezige Bij, 2013

- Leonie Breebaart, 'Daan Roovers, de nieuwe Denker des Vaderlands: "Waarom zou mijn mening interessanter zijn dan de jouwe?', Trouw, 26 maart 2019 (https://www.trouw.nl/religie-filosofie/ daan-roovers-de-nieuwe-denker-des-vaderlands-waarom-zou- mijn-mening-interessanter-zijn-dan-de-jouwe~b68c96c45/)

- Ruben Mersch, Waarom iedereen altijd gelijk heeft. Amsterdam: De Bezige Bij, 2016

- Jonathan Haidt, 'The Emotional Dog and Its Rational Tail: A Social Intuitionist Approach to Moral Judgment', Psychological Review 108, p. 814-834. 2001

- Ruben Mersch, Van mening verschillen: een handleiding. Gent: Borgerhoff & Lamberigts, 2018

- Malou van Hintum, 'Een beetje emotie kan helpen overtuigen, want met feiten alleen kom je er niet', Trouw, 17 maart 2018 (https:// www.trouw. nl/religie-filosofie/een-beetje-emotie-kan-helpen- overtuigen-want-met-feiten-alleen-kom-je-er-niet~be54f041/)

- Elke Wiss, 'Een interview met Ariane van Heijningen – inclusief schaterlach', podcast De Denksmederij (https://www.denksmederij.nl/podcast.html)

- SLO, '21ste eeuwse vaardigheden', Stichting Leerplan Ontwikkeling(https://slo.nl/thema/meer/21e-eeuwsevaardigheden)

- Jan Bransen, Gevormd of vervormd? Een pleidooi voor ander onderwijs. Leusden: ISVW Uitgevers, 2019

| 2장 | 소크라테스처럼 질문하는 법
"나를 버리고 상대의 머릿속으로 들어가라"

- Massimo Pigliucci, Hoe word je een stoïcijn? Oude filosofie van het moderne leven [How to Be a Stoic], vert. Ruud van de Plassche. Utrecht: Ten Have, 2017

- Reinoud Eleveld, 'Wu Wei, de kunst van het Niet-Doen', 23 juli 2018 (https://taotraining.nl/wu-wei-de-kunst-van-het-niet-doen/)

- Paul Bloom, Against Empathy. New York: Vintage Publishing, 2018

- Paul Bloom, 'Against Empathy', Boston Review, 10 september 2014(http://bostonreview.net/forum/paul-bloom-against-empathy)

- Henry Fonda (producent) & Sidney Lumet (regisseur) 12 Angry Men. Beverly Hills, ca: United Artists, 1957

- Marlou van Paridon, Socratisch gesprek voor beginners. Leusden: ISVW Uitgevers, 2017

- Jos Delnoij & Wieger van Dalen (red.), Het socratisch gesprek. Budel: Damon, 2003

- Jos Kessels, Socrates op de markt: filosofie in bedrijf. Amsterdam: Boom, 1997
- Plato, 'Sokrates' verdediging, in Sokrates' leven en dood, vert. Gerard Koolschijn. Amsterdam: Athenaeum-Polak & Van Gennep, 1995
- Plato, 'Protagoras', in Verzameld werk ii, vert. Xaveer De Win. Baarn: Ambo, 1978
- Harm van der Gaag, Wie het niet weet mag het zeggen. In de spreekkamer van de filosofische praktijk. Leusden: ISVW Uitgevers, 2013

|3장| 좋은 질문의 조건
"대화에는 시간, 관심, 절제가 필요하다"

- Plato, 'Protagoras', in Verzameld werk ii, vert. Xaveer De Win. Baarn: Ambo, 1978
- Hans Bolten, 'Het socratisch gesprek als instrument voor teamreflectie', Organisatie instrumenten, maart 2003 (https://www.boltentraining.nl/wp-content/uploads/2012/12/socratisch_gesprek_artikel2.pdf)

|4장| 사람의 마음을 사로잡는 질문의 기술
"어떻게 해야 상대의 진심을 끌어낼 수 있을까?"

- Plato, 'Protagoras', in Verzameld werk ii, vert. Xaveer De Win. Baarn: Ambo, 1978
- Hans Bolten, 'Het socratisch gesprek als instrument voor teamreflectie', Organisatie instrumenten, maart 2003 (https://www.boltentraining.nl/wp-content/uploads/2012/12/socratisch_gesprek_artikel2.pdf)
- Monique Fischer, Reflect(l)eren in het basisonderwijs, p.67. Naarden: MF Consulting, 2017
- Herman de Mönnink, Donatus Thöne, Ton IJpenberg en Sander Slots, 'Waarom we niet te vaak moeten vragen: waarom?', NRC Handelsblad,

17 januari 2012 (https://www.nrc.nl/ nieuws/2012/01/17/waarom-we-niet-te-vaak-moeten-vragen- waarom-12153260-a1070078)

- Vraagzin, 'De kunst van het stellen van goede waarom-vragen', 6 oktober 2017 (https://www.vraagzin.nl/2017/10/de- waaromvraag.html)

- Harry Starren, 'Waarom... ... we vaker moeten vragen: waarom?', NRC Handelsblad, 10 januari 2012 (https://www.nrc.nl/nieuws/2012/01/10/waarom-we-vaker-moeten-vragen-waarom-12150125-a82821)

- Francis Gastmans, 'Waarom niet de waarom-vraag stellen?', 9 februari 2016 (https://francisgastmans.com/2019/09/30/waarom- niet-de-waarom-vraag-stellen/)

| 5장 | 질문한 후 대화를 이어가는 법

"질문을 던진 이후, 그 사람과 나 사이에 무슨 일이 일어날까?"

- Mark Eikema, 'Praktische filosofie, het stellen van vragen en de waarde van niet-weten, met Elke Wiss', Mark in the Middle, 17 juli 2019 (https://soundcloud.com/markinthemiddle/007-elke-wiss)

- Hans Bolten, 'Het socratisch gesprek als instrument voor teamreflectie', Organisatie instrumenten, maart 2003 (https://www. boltentraining.nl/wp-content/uploads/2012/12/socratisch_ gesprek_artikel2.pdf)

- Ariane van Heijningen, 'Ik wil confronteren', 25 november 2018 (http://blog.denkplaats.nl/2018/11/25/ik-wil-confronteren/)

엘커 비스 Elke Wiss

네덜란드의 철학자이자 연극인.

엘커 비스는 연극 대본 작가이자 감독, 공연 제작자로 활동하면서 배우들을 비롯한 많은 관계자들과 더 깊이 있는 대화를 나누고 싶어서 실용 철학 특히 '질문하는 법'에 대해 오랫동안 공부했다. 『삶을 바꾸는 질문의 기술』(원제: 운동화를 신은 소크라테스SOCRATES OP SNEAKERS)은 그 공부가 낳은 결과물이다. 이 책은 '좋은 질문'이란 무엇인지, 어떻게 하면 질문을 통해 사람들과 진심으로 교감을 나눌 수 있는지, 그 방법을 구체적으로 알려준다.

저자는 질문의 목적부터 바꿔보라고 조언한다. 대개의 사람들이 그렇듯이 상대를 제압하거나 설득하려 하지 말고 진심으로 상대에게 관심을 갖고 궁금한 점을 질문하면 더 넓은 시야, 인간에 대한 이해, 세상에 대한 통찰력이 생긴다는 것이다. 또 공감 대화법이나 비폭력 대화법과는 달리 상대의 정곡을 찌르는 날카로운 질문도 던져야 한다고 주장한다. 그래야 더 지적인 대화, 수준 높은 토론을 할 수 있다는 것이다.

이 책은 네덜란드에서 출간한 이후 88주 동안 베스트셀러에 등극했으며 누적 13만 부라는 놀라운 기록을 세웠다. 저자는 지금도 연극인으로 활동하면서 이 책에 등장하는 '소크라테스 문답식 대화'에 대한 강의, 컨설팅 및 워크숍 등등을 진행하고 있다.

유동익

한국외국어대학교에서 네덜란드어를 전공하고, 네덜란드 레이던대학교에서 법학 석사과정과 언어학 박사과정을 수료했다. 한국외국어대학교와 네덜란드 교육진흥원에서 네덜란드어 강의를 했으며 현재 네덜란드 가톨릭방송국 한국 특파원으로 일하며, 네덜란드 책들을 한국에 소개하고 있다. 옮긴 책으로는 『레닌그라드의 기적』, 『하멜 보고서』, 『세계 어린이 인권 여행』, 『스페흐트와 아들』, 『나이팅게일 목소리의 비밀』, 『지도를 따라가는 반 고흐의 삶과 여행』, 『고슴도치의 소원』, 『반 고흐와 나』, 『생각에 기대어 철학하기』, 『이야기로 만나는 유럽 문화 여행』 등이 있다.

강재형

한국외국어대학교 네덜란드어과와 네덜란드 레이던대학교 대학원 언어학과를 졸업했다. 현재 네덜란드 통계청에 선임분석관으로 재직 중이다.

옮긴 책으로는 『지휘자 안토니아』, 『닉센(Niksen)』, 『우주인을 꿈꾸는 초등학생을 위한 우주여행 안내서』 그리고 네덜란드어로 번역된 『De Deelname van de Nederlandse VN-strijdkrachten aan de Korea-oorlog(네덜란드군 한국전쟁 참전사)』가 있다.

말할 때마다 내가 더 똑똑해진다

삶을 바꾸는
질문의 기술

1판 1쇄 인쇄 | 2023년 1월 15일
1판 1쇄 발행 | 2023년 1월 20일

지은이 | 엘커 비스
옮긴이 | 유동익, 강재형
발행인 | 김태웅
기획편집 | 박지호, 서진
디자인 | design PIN
마케팅 총괄 | 나재승
마케팅 | 서재욱, 오승수
온라인 마케팅 | 김철영, 김도연
인터넷 관리 | 김상규
제　작 | 현대순
총　무 | 윤선미, 안서현, 지이슬
관　리 | 김훈희, 이국희, 김승훈, 최국호

발행처 | (주)동양북스
등　록 | 제2014-000055호
주　소 | 서울시 마포구 동교로22길 14 (04030)
구입 문의 | 전화 (02)337-1737　팩스 (02)334-6624
내용 문의 | 전화 (02)337-1739　이메일 dymg98@naver.com
네이버포스트 | post.naver.com/dymg98
인스타 | @shelter_dybook

ISBN 979-11-5768-847-0　03190